Alexis de Tocqueville

Travaux sur L'Algérie

ISBN : 978-1511687218

10 9 8 7 6 5 4 3 2 1

Alexis de Tocqueville

Travaux sur L'Algérie

Table de Matières

PREMIÈRE LETTRE SUR L'ALGÉRIE (23 JUIN 1837)

En 1837, Tocqueville entreprend de se lancer dans la carrière politique, il lui faut choisir une circonscription pour les élections. Le scrutin laissant la possibilité de candidatures multiples, Tocqueville envisage de se présenter soit à Cherbourg, pour les raisons énoncées précédemment, soit à Versailles, parce que son père y a été préfet et qu'il pourrait peut-être compter sur les voix des légitimistes, soit dans le Xᵉ arrondissement de Paris de l'époque.

Il tient à prouver à ses électeurs potentiels sa capacité à traiter des problèmes nouveaux qui se poseront à terme à la société française et à proposer des solutions pertinentes. Dès 1835, il a présenté à la Société royale académique de Cherbourg son premier Mémoire sur le paupérisme. Quelques mois plus tard, le 23 juin et le 22 août 1837, il publie de deux Lettres sur l'Algérie dans La Presse de Seine-et-Oise parce qu'il entend montrer aux électeurs de cette circonscription potentielle qu'il est capable d'analyser sérieusement la question de l'Algérie et de proposer les grandes lignes d'une politique. La démarche est comparable dans les deux cas : aux deux mémoires correspondent deux lettres. Voici le texte de la première.

De grands événements viennent de se passer en Algérie ; on peut croire que d'autres s'y préparent encore, ce n'est donc pas mal choisir mon temps, Monsieur, pour me rendre à votre désir et vous dire ce que je sais d'Alger. Je le fais d'autant plus volontiers que, quoiqu'on ait beaucoup discuté sur ce pays, il me semble qu'on ne le connaît guère.

M. Desjobert, dans un livre d'ailleurs fort estimable publié récemment sur notre nouvelle colonie, assure que, pour parler convenablement d'une contrée étrangère, il est bon de n'y avoir point été. C'est là un avantage que je partage avec lui, mais je ne m'en glorifie point. Je pense au contraire avec le vulgaire que pour bien faire connaître une chose aux autres (a), il est utile de la connaître soi-même et que, pour la bien connaître, il n'est pas sans utilité de l'avoir vue. Je ne me glorifierai donc point de n'avoir pas été en Afrique, mais je tâcherai de mettre à profit les récits de plusieurs de mes amis qui y ont longtemps séjourné, et de faire qu'on s'aperçoive le moins possible que je n'ai point été témoin par moi-même de ce que je cherche à peindre.

Je crois qu'avant de parler des habitants, il est bon de vous dire un mot

Alexis de Tocqueville

du pays lui-même. Ces deux choses se tiennent et s'expliquent l'une par l'autre.

Vous n'ignorez pas, Monsieur, que l'Algérie s'étend presque en droite ligne de l'ouest à l'est, durant un espace de... lieues. Parallèlement à la mer s'élève une chaîne de hautes montagnes qu'on nomme l'Atlas. Tantôt l'Atlas se recule brusquement vers le midi et ouvre de longues et larges plaines ; dans d'autres moments, il se rapproche tout à coup du rivage et vient baigner ses derniers chaînons dans les flots. De temps en temps il se replie sur lui-même et enveloppe de profondes vallées dans ses contours.

Mille petits ruisseaux coulent de tous côtés sur ses flancs. Mais nulle part l'Atlas ne consent à s'abaisser même pour un moment jusqu'au niveau des plaines et à laisser passage à un grand fleuve qui porterait aisément les armes et les arts de l'Europe jusqu'au fond des déserts.

Dans l'Atlas habitent les Cabyles, dans les vallées les Arabes. Toutes les fois que vous apercevez une montagne, vous pouvez tenir pour certain qu'elle cache dans ses sinuosités une tribu cabyle et dès que vous apercevez une plaine, il faut vous attendre que le camp de l'Arabe va bientôt paraître à l'horizon. Les deux races sont donc sans cesse entremêlées, mais jamais elles ne se confondent.

Vous me demanderez sans doute, Monsieur, quelle est l'origine de ces Cabyles si singulièrement mêlés aux Arabes et toujours distincts d'eux. L'Institut doute encore. Je vous laisse à juger si je puis me permettre une conjecture. Les uns prétendent que ce sont des Ibères et croient reconnaître des analogies entre leur langue et le gascon. D'autres pensent que ce sont des Arabes venus très anciennement des frontières de la Judée. Il en est qui s'imaginent retrouver en eux les descendants des Vandales. Tenez-vous pour assuré, Monsieur, que jusqu'à présent personne n'en sait absolument rien. Mais à vrai dire, ceci n'importe guère. Ce sont les Cabyles de nos jours qu'il faut connaître et non leurs aïeux.

Les Cabyles ont une langue entièrement différente de celle des Arabes, et leurs mœurs ne se ressemblent pas. Le seul point de contact entre les deux races c'est la religion.

Les Cabyles sont toujours sédentaires, ils cultivent le sol, bâtissent des maisons et ont conservé ou acquis quelques-uns des arts les plus nécessaires. On exploite chez eux des mines de fer ; on y fabrique de la poudre ; on y forge des armes de toute espèce et l'on y tisse de grossières étoffes. N'allez pas vous figurer, Monsieur, que tous ces Cabyles forment un grand peuple soumis à un même gouvernement. Ils sont encore divisés en petites tribus, comme au premier âge du monde. Ces tribus n'ont aucun pouvoir les unes sur les autres ni même aucun lien entre elles, elles vivent séparées et souvent en guerre, chacune d'elles a son petit gouvernement indépendant qu'elle établit elle-même et sa législation peu compliquée. Si Rousseau avait connu les Cabyles, Monsieur, il ne nous aurait pas débité tant de folies sur les Caraïbes et autres Indiens de l'Amérique : il eût cherché dans, l'Atlas ses modèles ; c'est là qu'il aurait trouvé des hommes soumis à une sorte de police sociale et cependant presque aussi libres que l'individu isolé qui jouit de sa sauvage indépendance au fond des bois ; des hommes qui ne sont ni riches ni pauvres, ni serviteurs ni maîtres ; qui nomment eux-mêmes leurs chefs, et s'aperçoivent à peine qu'ils ont des chefs, qui sont contents de leur état et s'y tiennent.

Mais il y a quelques axiomes de la politique de ces Cabyles que peut-être Rousseau n'eût point autant approuvés. Ces gens-là ont pour maxime fondamentale qu'il ni faut pas qu'un étranger mette le pied sur leur territoire. Ils n'entendent pas raison sur ce point. Ils viennent vendre leurs denrées sur nos marchés, ils descendent dans les plaines louer leurs services, ils s'enrôlent volontiers dans nos armées, mais s'il vous plaisait, Monsieur, de vouloir aller, par réciprocité, les visiter dans leurs montagnes, y vinssiez-vous dans les meilleures intentions du monde, n'eussiez-vous pour but que de parler morale, civilisation, beaux-arts, économie politique ou philosophie, ils vous couperaient la tête assurément. C'est un principe de gouvernement, dont ils s'obstinent \a ne se point départir.

On m'assure que les Cabyles ont la religion fort tiède ; que c'est une race prosaïque et intéressée qui s'inquiète beaucoup plus de ce monde que de l'autre, et qu'il sera plus facile de les vaincre avec notre luxe et nos arts qu'avec nos canons.

J'aurais beaucoup plus de choses à vous dire sur les Arabes; mais je dois me borner. Les limites du journal m'y obligent.

On se figure en général en Europe que tous les Arabes sont pasteurs et on se les représente volontiers passant leur vie à conduire de nombreux troupeaux dans d'immenses pâturages qui ne sont la propriété de personne ou qui, du moins, n'appartiennent qu'à la tribu tout entière. C'est ainsi qu'ils étaient en effet il y a trois mille ans, c'est ainsi qu'on les rencontre encore de nos jours dans les déserts du Yemen. Mais ce n'est point ainsi qu'ils se font voir le long de l'Atlas. Figurez-vous, Monsieur, qu'il n'y a pas un pouce de terre aux environs d'Alger qui n'ait un propriétaire connu, et qu'il n'y a pas plus de terrain vacant dans la plaine de la Mitidja que dans celle d'Argenteuil. Chaque possesseur est muni d'un titre rédigé en bonne forme par-devant un officier public. Voilà vous l'avouerez de singuliers sauvages. Que leur manque-t-il, s'il vous plaît, pour ressembler entièrement à des hommes civilisés que de se disputer tous les jours sur les limites indiquées à leurs contrats ? Mais c'est ce qu'ils ne font guère par la raison que je vais vous dire : si les Arabes ne sont pas restés complètement pasteurs et nomades, ils ne sont pas devenus tout à fait sédentaires et agriculteurs. Ils sont alternativement l'un et l'autre. Un petit nombre d'entre eux ont des maisons, la grande majorité a conservé l'usage de vivre sous la tente. Tous les ans, ils ensemencent quelques-uns de leurs champs et font paître de grands troupeaux sur tous les autres. Chaque tribu a donc un territoire très vaste dont la majeure partie reste toujours inculte et dont l'autre est cultivée avec peu d'art. Tant qu'un champ est laissé en friche, chacun des membres de la tribu peut y mener paître son bétail; mais du moment [où] le propriétaire se présente et ensemence, les fruits appartiennent à lui seul.

Vous voyez, Monsieur, que les Arabes de la côte d'Afrique se montrent tout à la fois cultivateurs et pasteurs. La plupart d'entre eux changent sans cesse de place, mais ils ne dépassent jamais un certain rayon. Ils en sont arrivés à cette époque de transition où, placés entre la vie nomade et la vie sédentaire, n'étant pas encore attachés fortement à l'une, ne tenant plus solidement à l'autre, ils peuvent être fixés définitivement par des circonstances fortuites dans l'une ou l'autre. Je vous ferai comprendre plus tard le parti que nous pouvons tirer de cet état de choses.

À mesure qu'on s'enfonce vers le Midi, on rencontre moins de champs cultivés et plus de troupeaux; les tentes se multiplient, les maisons disparaissent ; les habitudes de la population deviennent de moins en moins sédentaires; la vie nomade reprend le dessus. On arrive ainsi jusqu'au grand désert qui se trouve de l'autre côté de l'Atlas. C'est là qu'on retrouve, dit-on, les Arabes de la Bible et des Patriarches. Là, plus de limites, plus de bornes aux champs, plus de titres à la possession de la terre, mais une solitude immense où les tribus errent sans cesse dans l'entière et pleine liberté du désert, traînant à leur suite un nombre prodigieux de chameaux, de cavales et de moutons.

À l'époque où les successeurs de Mahomet envahirent l'Égypte et la Numidie, les Arabes les suivirent par tribus. Ces Arabes ont vaincu tout ce qu'ils ont rencontré jusqu'au pied des Pyrénées et, dans tous les pays où ils se sont établis, ils ont conservé la même forme de société. Les Arabes de la côte d'Afrique sont encore de nos jours divisés en petites peuplades à peu près indépendantes les unes des autres, comme ils l'étaient, il y a 1200 ans, en Arabie, lorsque leur grande passion religieuse les poussa tous à la fois vers l'Occident.

Chacune de ces petites sociétés élit ses chefs qu'on nomme cheiks et discute ses propres affaires en commun. Toutes ces tribus ne font cependant à vrai dire qu'un même peuple. Elles ont toutes la même origine, les mêmes souvenirs, les mêmes opinions, les mêmes mœurs, elles ont formé jadis une seule nation, et ont été naguère encore sinon gouvernées, du moins régies en quelques points par un seul gouvernement.

On ne voit point régner dans les tribus arabes une égalité aussi complète qu'au sein des peuplades cabyles ; on y découvre au contraire des inégalités fort grandes. Il se rencontre dans chaque tribu un certain nombre de familles, la plupart anciennes, qui possèdent de vastes domaines, de grands troupeaux et de nombreux serviteurs. Les chefs de ces familles ont de beaux chevaux qu'ils montent sans cesse, de belles et bonnes armes qu'on leur voit tous les jours dans les mains ; ils forment une sorte d'aristocratie militaire qui, par un consentement tacite du reste de la population, dirige plus ou moins toutes les affaires.

Mais la principale aristocratie arabe tire, son origine de la religion. Ecoutez bien ceci, je vous prie, Monsieur, car la chose est tout à la fois importante et singulière. Il y a des hommes qui jadis par leur piété et leur savoir se sont acquis une réputation de sainteté extraordinaire. Ces hommes qu'on nomme marabouts ont été environnés du respect public pendant leur vie et ont en général exercé une grande influence sur l'esprit des populations environnantes ; et ce qu'il y a de particulier, c'est qu'ils ont transmis tout cela à leurs descendants. Dans chaque famille de marabout, il ne manque point de naître à chaque génération nouvelle un homme saint et érudit, qui maintient la bonne renommée et le pouvoir de ses prédécesseurs. Il n'y a guère de tribus où l'on ne rencontre un ou plusieurs marabouts qui habitent en général près du tombeau de leur plus célèbre ancêtre et y donnent fort généreusement l'hospitalité à ceux qui viennent y faire des pèlerinages, car, en général, ils sont riches. Ces marabouts sont des hommes de religion et de science, qui sentent ou affectent un grand éloignement pour les occupations tumultueuses et menteuses de ce monde. Tandis que l'aristocratie militaire est toujours à cheval, le yatagan ou le fusil à la main, le marabout monte un âne, et traverse sans armes et chétivement vêtu la foule des hommes de guerre qui s'empresse d'ouvrir ses rangs à son passage et de lui baiser la main. Malgré cette pauvre apparence, les marabouts n'en doivent pas moins être considérés comme les membres les plus influents de la société arabe. Ils sont l'intelligence de ce grand corps dont l'aristocratie militaire forme le cœur et les membres. Ce sont en général les marabouts qui rétablissent la paix entre les tribus et qui dirigent en secret les principaux ressorts de leur politique.

Notez bien, Monsieur, qu'Abd-el-Kader, dont vous avez tant entendu parler, appartient à l'une des premières familles de marabouts de la Régence et qu'il est marabout lui-même. Ceci explique bien des choses (a).

Quant aux traits généraux du caractère arabe, ils sont connus depuis bien des siècles. Et ils se retrouvent en Algérie comme partout ailleurs. On remarque chez les Arabes de la côte d'Afrique l'imagination brillante et sensuelle, l'esprit délié, sagace, le courage et l'inconstance qui se faisaient voir chez leurs pères. Comme eux, ils appartiennent à cette race mobile et indomptable qui adore les jouissances physiques, mais qui place la liberté au-dessus de tous les plaisirs et qui sait fuir dans les sables du désert plutôt que de végéter sous un maître.

Les Arabes de la côte d'Afrique ont de plus un foule de vices et de vertus qui ne leur sont pas propres mais qui appartiennent à la période de civilisation dans laquelle ils se trouvent. Semblables à tous les peuples à moitié sauvages, ils honorent avant toutes choses la puissance et la force. Tenant peu à la vie des hommes et méprisant le négoce et les arts, comme ceux-ci, ils aiment surtout la guerre, la pompe et le bruit ; défiants et crédules, livrés tantôt à un enthousiasme irréfléchi et tantôt à un abattement exagéré, ils tombent et se relèvent sans peine, souvent excessifs dans leurs actes et toujours mieux disposés à sentir qu'à penser.

Après vous avoir parlé des deux races principales qui peuplent l'Algérie, il est bon, Monsieur, de finir par vous dire un mot d'une troisième qui n'y existe plus, mais qui pendant trois siècles y a obtenu une puissance prépondérante, je veux parler des Turcs.

Lorsque les Espagnols eurent chassé les Arabes de la péninsule ibérique, ils ne tardèrent pas à les suivre jusque sur les côtes de l'Algérie. Ceux-ci appelèrent à leur secours les Turcs alors à l'apogée de leur puissance et de leur gloire, qui, après avoir vaincu les chrétiens et s'être emparés d'Alger, se déclarèrent les maîtres de ceux qu'ils étaient venus défendre.

Ne vous imaginez pas, Monsieur, que les Turcs, conquérants d'Alger et d'une partie de la Régence, aient voulu y fonder un empire pour leurs descendants. Nullement. Ces Turcs étaient si fiers d'eux-mêmes et de leur pays qu'ils méprisaient leurs propres enfants, qui étaient nés de femmes arabes. Préférant leur race à leur famille, ils ne voulurent donc point se recruter parmi leurs fils. Mais tous les ans ils envoyèrent en Turquie chercher de nouveaux soldats. Les choses ainsi établies se continuèrent. Il en était encore de même en 1830. Chaque année, la race dominante allait se recruter sur la côte d'Asie, laissant tomber dans l'obscurité et dans l'impuissance ses propres enfants.

Il faut, Monsieur, vous dire quels étaient les principes et les moyens de gouvernement de ces Turcs. Cela est nécessaire pour comprendre tout ce qui est arrivé depuis que nous avons pris leur place.

Les Turcs, dont le plus grand nombre habitait Alger, y formaient une milice peu nombreuse, mais très brave et fort turbulente à laquelle appartenait le droit de choisir le chef du gouvernement. C'est dans son sein qu'étaient pris la plupart des fonctionnaires civils et tous les fonctionnaires militaires.

Ces Turcs formaient donc un corps aristocratique et ils faisaient voir les défauts et les qualités de toutes les aristocraties. Pleins d'un immense orgueil, ils montraient en même temps un certain respect pour eux-mêmes qui les faisait parler et presque toujours agir avec noblesse. Du reste, ils ne s'inquiétaient guère que des intérêts de leur corps, méprisant fort tout ce qui lui était étranger.

Quant à ce qu'ils appelaient leur gouvernement, voici en quoi il consistait :

Les Turcs essayèrent de réduire les tribus cabyles. Mais ils ne parvinrent à faire reconnaître que par un très petit nombre leur souveraineté. Toutes les autres se retranchèrent dans leurs montagnes et y restèrent inaccessibles.

Je présume que c'est le voisinage continuel de ces Turcs qui a fait adopter aux Cabyles cette maxime fondamentale dont je parlais plus haut en vertu de laquelle on coupe la tête à tous les étrangers qui viennent se promener sur les penchants de l'Atlas.

La domination turque s'établit plus aisément sur les Arabes qui, comme je vous l'ai dit, vivent dans des plaines ouvertes. Voici comment ils s'y prirent : cinq à six mille Turcs renfermés dans Alger n'auraient pu seuls réduire ces tribus mobiles qui fuient à l'approche de la main qui veut les saisir. Mais il ne se serait jamais établi de tyrannies si les oppresseurs ne trouvaient point parmi les opprimés leurs instruments. Les Turcs distinguèrent certaines tribus auxquelles ils concédèrent des privilèges et une grande indépendance à la condition de les aider à asservir les autres. De plus, dans les tribus mêmes sur lesquelles s'appesantit leur joug, ils s'attachèrent par des moyens analogues, surtout par l'exemption de l'impôt, la plupart des membres de cette aristocratie militaire dont je vous ai entretenu plus haut. De cette manière ils purent se servir des Arabes pour dominer les Arabes. Mais ces Arabes auxiliaires étaient toujours commandés par des Turcs. Chaque année donc, un officier turc sortait d'Alger suivi de quelques soldats de sa nation à laquelle se joignaient ce qu'on appelait les cavaliers du Marzem. C'étaient les cavaliers arabes dont j'ai parlé. On parcourait le pays dans cet équipage; on percevait paisiblement l'impôt ou on le levait violemment sur les tribus qui se refusaient à le payer. C'était là le fond du gouvernement turc. Il ne faut pas croire, Monsieur, que l'argent levé de cette manière servît, ainsi que cela se pratique ou du moins semble se pratiquer chez toutes les nations civilisées, à assurer la tranquillité et la prospérité de ceux qui le payaient. La presque totalité entrait dans les coffres du Dey ou revenait à ses soldats.

Les Turcs avaient cependant fait quelques tentatives fort incomplètes pour établir au sein des Arabes quelque chose qui ressemblât à une administration publique.

Ils avaient divisé le pays, surtout aux environs des villes, en districts appelés outans dans lesquels habitaient plusieurs tribus. A la tête de cet-

te population ils plaçaient un officier turc nommé caïd et quelques soldats de la même nation auxquels s'adjoignaient, au besoin, les cavaliers
du Marzem. Cet officier avait pour devoir d'exercer la justice criminelle,
d'assurer la paix publique et la sûreté des routes, devoir dont il s'acquit-
tait fort peu. Car les tribus malgré ses soins étaient sans cesse en guerre
les unes contre les autres et souvent elles entraînaient à leur tête le caïd
lui-même qui, pour conserver quelque autorité sur elles, était obligé de
partager leurs passions et d'embrasser leurs querelles.

Les Turcs avaient employé un autre moyen pour s'assurer des villes. Ils
y entretenaient une garnison qu'ils avaient soin de renouveler souvent.
Les soldats ainsi détachés se mariaient avec des femmes arabes et ils
en avaient des enfants. Les enfants qui naissaient en Algérie d'unions
de Turcs et d'Arabes avaient un nom particulier, ils s'appelaient coulouglis et formaient une race distincte des deux autres. Les Turcs, sans
accorder aux coulouglis une part dans le gouvernement ni une place
dans leur milice, leur assuraient cependant par des privilèges une position prépondérante qui les attachait au gouvernement et séparait leurs
intérêts de celui du reste des gouvernés. Ces coulouglis formaient donc
dans les villes où ils avaient pris naissance une population amie, sur laquelle on pouvait compter, et qui se défendait aisément pour peu qu'on
ne l'abandonnât pas entièrement à elle-même.

Ainsi donc, dans les montagnes, étaient des Cabyles à peu près indépendants ; dans les plaines, des Arabes fort incomplètement soumis ;
dans les villes, des Turcs et des coulouglis et une population mêlée et
sans caractère arrêté dont je vais dire un mot en finissant.

Vous en savez déjà assez pour voir, Monsieur, que ce prétendu gouvernement turc n'était point à vrai dire un gouvernement mais une
continuation de conquête, une exploitation violente du vaincu par le
vainqueur. Non seulement les Turcs s'étaient établis sur les côtes d'Afrique en étrangers, mais ils avaient résolu ce difficile problème d'habiter [1]
pendant trois cents ans un pays où ils étaient toujours étrangers et où
ils paraissaient sans cesse comme des nouveaux venus qui arrivent dans
le but de faire leurs affaires particulières et non point pour administrer
le peuple conquis.

Je vous ai dit comment les choses se passaient dans le district d'Alger.
On procédait d'une manière analogue dans les trois Beyliks qui recon-

---

1 Var. : de gouverner.

Alexis de Tocqueville

naissaient l'autorité du Dey. Les Turcs avaient divisé l'Algérie en trois gouvernements : l'un à l'est dont Constantine était la capitale, l'autre au sud qu'on nommait Beylik de Tittery et le troisième à l'ouest qui formait la province d'Oran.

Ces trois Beys étaient nommés par le Dey. Ils se fixaient dans la principale ville de la province comme celui-ci dans Alger et y gouvernaient par les mêmes moyens. Mais en général leur pouvoir y était encore plus borné que le sien et plus contesté.

J'ai promis de ne point finir, Monsieur, sans vous dire un mot de cette partie de la population des villes qui n'était ni turque ni coulouglie. Elle se composait de Juifs, sur lesquels vous en savez autant que moi car ils sont là ce qu'on les voit partout, et des Maures. Ces Maures appartiennent à diverses races ; mais le plus grand nombre d'entre eux sont des Arabes que leurs goûts sédentaires, le désir de jouir en paix de leur richesse ou d'en acquérir par le négoce, a fixés dans les villes. C'est une race spirituelle, douce, intelligente et fort amie de l'ordre. Les Arabes de la plaine qui couchent [1] à la belle étoile, le sabre au poing, et qui sont nécessairement livrés aux douleurs et aux joies d'une existence aventureuse, professent le plus superbe dédain pour cette portion paisible et industrieuse de leurs compatriotes. Dans leur mépris ils donnent à ces Maures un nom qui signifie en arabe vendeurs de poivre, ce qui ne saurait se traduire en français que par épiciers. Vous vous figuriez, je gage, Monsieur, que cette épithète si répétée de nos jours avait pris naissance au milieu de nos émeutes. Vous voyez qu'elle vient de loin et je la crois même fort vénérable par son. antiquité. Les Orientaux ne changent guère leurs bons mots non plus que leurs croyances, je ne serais pas étonné que celui-ci ne remontât aux premiers âges du monde. J'ajoute qu'il ne me paraît pas meilleur pour être ancien.

Je viens de vous montrer en raccourci, Monsieur, ce qu'était l'Algérie avant notre conquête. Dans la prochaine lettre je tâcherai de faire rapidement connaître ce que nous avons fait, et j'essaierai d'indiquer de mon mieux ce qui reste à faire.

Fin du texte

---

1 vivent

DEUXIÈME LETTRE SUR L'ALGÉRIE

Je suppose, Monsieur, pour un moment que l'Empereur de la Chine, débarquant en France à la tête d'une puissance armée, se rende maître de nos plus grandes villes et de notre capitale. Et qu'après avoir anéanti tous les registres publics avant même de s'être donné la peine de les lire, détruit ou dispersé toutes les administrations sans s'être enquis de leurs attributions diverses, il s'empare enfin de tous les fonctionnaires depuis le chef du gouvernement jusqu'aux gardes-champêtres, des pairs, des députés et en général de toute la classe dirigeante ; et qu'il les déporte tous à la fois dans quelque contrée lointaine. Ne pensez-vous pas que ce grand prince, malgré sa puissante armée, ses forteresses et ses trésors, se trouvera bientôt fort embarrassé Pour administrer le pays conquis ; que ses nouveaux sujets, privés de tous ceux qui menaient ou pouvaient mener les affaires, seront incapables de se gouverner eux-mêmes, tandis que lui, qui, venant des antipodes, ne connaît ni la religion, ni la langue, ni les lois, ni les habitudes, ni les usages administratifs du pays, et qui a pris soin d'éloigner tous ceux qui auraient pu l'en instruire, sera hors d'état de les diriger. Vous n'aurez donc pas de peine à prévoir, Monsieur, que si les parties de la France qui sont matériellement occupées par le vainqueur lui obéiront, le reste du pays sera bientôt livré à une immense anarchie.

Vous allez voir, Monsieur, que nous avons fait en Algérie précisément ce que je supposais que l'Empereur de la Chine ferait en France.

Quoique la côte d'Afrique ne soit séparée de la Provence que par 160 lieues de mer environ, qu'il se publie chaque année en Europe la relation de plusieurs milliers de voyages dans toutes les parties du monde, qu'on y étudie assidûment toutes les langues de l'Antiquité qu'on ne parle plus et plusieurs des langues vivantes qu'on n'a jamais l'occasion de parler, on ne saurait cependant se figurer l'ignorance profonde dans laquelle on était, il n'y a pas plus de sept ans en France, sur tout ce qui pouvait concerner l'Algérie : on n'avait aucune idée claire des différentes races qui l'habitent ni de leurs mœurs, on ne savait pas un mot des langues que ces peuples parlent ; le pays même, ses ressources, ses rivières, ses villes, son climat étaient ignorés ; on eût dit que toute l'épaisseur du globe se trouvait entre lui et nous. On savait même si peu ce qui se rapporte à la guerre, qui cependant était la grande affaire du moment, que nos généraux se figuraient devoir être attaqués par une cavalerie analogue à celle des mameluks d'Égypte, tandis que nos principaux adversaires, les Turcs d'Alger, n'ont jamais combattu qu'à pied. C'est dans cette ignorance de toutes choses que nous mîmes à la voile, ce qui ne nous empêcha pas de vaincre, car sur un champ de bataille la victoire est au plus brave et au plus fort et non au plus savant.

Mais, après le combat, nous ne tardâmes pas a voir qu'il ne suffit pas pour pouvoir gouverner une nation de l'avoir vaincue.

Vous vous rappelez, Monsieur, ce que je vous ai dit précédemment que tout le gouvernement civil et militaire de la Régence était dans les mains des Turcs. A peine étions-nous maîtres d'Alger, que nous nous hâtâmes de réunir tous les Turcs sans en oublier un seul, depuis le Dey jusqu'au dernier soldat de sa milice et nous transportâmes cette foule sur la côte d'Asie. Afin de mieux faire disparaître les vestiges de la domination ennemie, nous avions eu soin précédemment de lacérer ou de brûler tous les documents écrits, registres administratifs, pièces authentiques ou autres, qui auraient pu perpétuer la trace de ce qui s'était fait avant nous. La conquête fut une nouvelle ère, et de peur de mêler d'une façon irrationnelle le passé au présent, nous détruisîmes même un grand nombre des rues d'Alger, afin de les rebâtir suivant notre méthode, et nous donnâmes des noms français à toutes celles que nous consentions à laisser subsister. Je pense, en vérité, Monsieur, que les Chinois dont je parlais plus haut n'auraient pu mieux faire.

Que résulta-t-il de tout ceci ? Vous le devinez sans peine.

Le gouvernement turc possédait à Alger un grand nombre de maisons et dans la plaine une multitude de domaines ; mais ses titres de propriété avaient disparu dans le naufrage universel de l'ancien ordre de choses. Il se trouva que l'administration française, ne sachant ni ce qui lui appartenait ni ce qui était resté en la légitime possession des vaincus, manqua de tout ou se crut réduite à s'emparer au hasard de ce dont elle avait besoin, au mépris du droit et des droits.

Le gouvernement turc touchait paisiblement le produit de certains impôts que par ignorance nous ne pûmes lever à sa place, et il nous fallut tirer l'argent dont nous avions besoin de France ou l'extorquer à nos malheureux sujets avec des façons beaucoup plus turques qu'aucune de celles dont les Turcs se fussent jamais servis.

Si notre ignorance fit ainsi que le gouvernement français devint irrégulier et oppresseur dans Alger, elle rendit tout gouvernement impossible au dehors.

Les Français avaient renvoyé les caïds des outans en Asie. Ils ignoraient absolument le nom, la composition et l'usage de cette milice arabe qui faisait auxiliairement la police et levait l'impôt sous les Turcs, et qu'on nommait, comme je l'ai dit, la cavalerie du Marzem. Ils n'avaient aucune idée de la division des tribus, et de la division des rangs dans les tribus. Ils ignoraient ce que c'était que l'aristocratie militaire des spahis, et, quant aux marabouts, ils ont été fort longtemps à savoir, quand on en parlait, s'il s'agissait d'un tombeau ou d'un homme.

Les Français ne savaient aucune de ces choses et, pour dire la vérité, ils ne s'inquiétèrent guère de les apprendre.

A la place d'une administration qu'ils avaient détruite jusque dans ses racines, ils imaginèrent de substituer, dans les districts que nous occupions militairement, l'administration française.

Essayez, Monsieur, je vous prie, de vous figurer ces agiles et indomptables enfants du désert enlacés au milieu des mille formalités de notre bureaucratie et forcés de se soumettre aux lenteurs, à la régularité, aux écritures et aux minuties de notre centralisation. On ne conserva de l'ancien gouvernement du pays que l'usage du yatagan et du bâton comme moyens de police. Tout le reste devint français.

Ceci s'appliquait aux villes et aux tribus qui les touchent. Quant au reste des habitants de la Régence, on n'entreprit pas même de les administrer. Après avoir détruit leur gouvernement, on ne leur en donna aucun autre.

Je sortirais du cadre que je me suis tracé si j'entreprenais de faire l'histoire de ce qui s'est passé depuis sept ans en Afrique. Je veux seulement mettre le lecteur en état de le comprendre.

Depuis trois cents ans que les Arabes qui habitent l'Algérie étaient soumis aux Turcs, ils avaient entièrement perdu l'habitude de se gouverner eux-mêmes. Les principaux d'entre eux avaient été écartés des affaires générales par la jalousie des dominateurs ; le marabout était descendu de son coursier pour monter sur un âne. Le gouvernement turc était un détestable gouvernement, mais enfin il maintenait un certain ordre et, bien qu'il autorisât tacitement les guerres des tribus entre elles, il réprimait le vol et assurait les routes. Il était de plus le seul lien qui existait entre les peuplades diverses, le centre où venaient aboutir tant de rayons divergents.

Le gouvernement turc détruit, sans que rien le remplaçât, le pays qui ne pouvait pas encore se diriger lui-même, tomba dans une effroyable anarchie. Toutes les tribus se précipitèrent les unes sur les autres dans une immense confusion, le brigandage s'organisa de toutes parts. L'ombre même de la justice disparut et chacun eut recours à la force.

Ceci s'applique aux Arabes.

Quant aux Cabyles, comme ils étaient à peu près indépendants des Turcs, la chute des Turcs ne produisit que peu d'effets sur eux. Ils restèrent vis-à-vis des nouveaux maîtres dans une habitude à peu près analogue à celle qu'ils avaient prise vis-à-vis des anciens. Seulement ils devinrent encore plus inabordables, la haine naturelle qu'ils avaient des étrangers venant à se combiner avec l'horreur religieuse qu'ils éprouvaient pour les chrétiens dont la langue, les lois et les mœurs leur étaient inconnues.

Les hommes se soumettent quelquefois à la honte, à la tyrannie, à la conquête, mais ils ne souffrent jamais longtemps l'anarchie. Il n'est point de peuple si barbare qu'il échappe à cette loi générale de l'humanité.

Quand les Arabes, que nous cherchions souvent à vaincre et à soumettre, mais jamais à gouverner, se furent livrés quelque temps à l'enivrement sauvage que l'indépendance individuelle fait naître, ils commencèrent à chercher instinctivement à refaire ce que les Français avaient détruit. On vit paraître successivement au milieu d'eux des hommes entreprenants et ambitieux. De grands talents se révélèrent dans quelques-uns de leurs chefs, et la multitude commença à s'attacher à certains noms comme à des symboles d'ordre.

Les Turcs avaient éloigné l'aristocratie religieuse des Arabes de l'usage des armes et de la direction des affaires publiques. Les Turcs détruits, on la vit presque aussitôt redevenir guerrière et gouvernante. L'effet le plus rapide et le plus certain de notre conquête fut de rendre aux marabouts l'existence politique qu'ils avaient perdue. Ils reprirent le cimeterre de Mahomet pour combattre les infidèles et ils ne tardèrent pas à s'en servir pour gouverner leurs concitoyens : ceci est un grand fait et qui doit fixer l'attention de tous ceux qui s'occupent de l'Algérie.

Nous avons laissé renaître l'aristocratie nationale des Arabes, il ne nous reste plus qu'à nous en servir.

A l'ouest de la province d'Alger, près des frontières de l'empire du Maroc, était fixée depuis longtemps une famille de marabouts très célèbre. Elle descendait de Mahomet lui-même, et son nom était vénéré dans toute la Régence. Au moment où les Français prirent possession du pays, le chef de cette famille était un vieillard appelé Mahiddin. A l'illustration de la naissance, Mahiddin joignit l'avantage d'avoir été à la Mecque et de s'être longtemps et énergiquement opposé aux exactions des Turcs. Sa sainteté était en grand honneur et son habileté connue. Lorsque les tribus des environs commencèrent à sentir ce malaise insupportable que cause aux hommes l'absence du pouvoir, elles vinrent trouver Mahiddin et lui proposèrent de prendre la direction de leurs affaires. Le vieillard les réunit toutes dans une grande plaine ; là, il leur dit qu'à son âge il fallait s'occuper du ciel et non de la terre, qu'il refusait leur offre, mais qu'il les priait de reporter leur suffrage sur un de ses plus jeunes fils qu'il leur montra. Il énuméra longuement les titres de celui-ci a gouverner ses compatriotes : sa piété précoce, son pèlerinage aux Lieux Saints, sa descendance du Prophète ; il fit connaître plusieurs indices frappants dont le ciel s'était servi pour le désigner au milieu de ses frères et il prouva que toutes les anciennes prophéties qui annonçaient un libérateur aux Arabes s'appliquaient manifestement à lui. Les tribus proclamèrent d'un commun accord le fils de Mahiddin émir-el-mouminin, c'est-à-dire chef des croyants.

Ce jeune homme qui n'avait alors que vingt-cinq ans et était d'une chétive apparence s'appelait Abd-el-Kader.

Telle est l'origine de ce chef singulier : l'anarchie fit naître son pouvoir, l'anarchie l'a développé sans cesse et, avec la grâce de Dieu et la Nôtre, après lui avoir livré la province d'Oran et celle de Tittery, elle mettra entre ses mains Constantine et le rendra bien plus puissant que ne le fut jamais le gouvernement turc qu'il remplace.

Tandis que ces choses se passaient à l'Ouest de la Régence, l'Est offrait un autre spectacle.

A l'époque où les Français prirent Alger, la province de Constantine était gouvernée par un bey nommé Achmet. Ce bey contrairement à tous les usages était coulougli, c'est-à-dire fils d'un Turc et d'une Arabe. Ce fut un hasard singulièrement heureux qui lui permit, après la prise d'Alger, de se soutenir d'abord dans Constantine avec l'appui des compatriotes de son père et plus tard de fonder son pouvoir sur les tribus environnantes à l'aide des parents et des amis de sa mère.

Tandis que tout le reste de la Régence abandonnée par les Turcs et non occupée par les Français tombait dans le plus grand désordre, une certaine forme de gouvernement se maintenait donc dans la province de Constantine et Achmet par son courage, sa cruauté, son énergie, y fondait l'empire assez solide que nous cherchons à restreindre ou à détruire aujourd'hui.

Ainsi donc, au moment où nous parlons, trois puissances sont en présence sur le sol de l'Algérie :

A Alger et sur divers points de la côte, sont les Français ; à l'Ouest et au Sud une population arabe qui après trois cents ans se réveille et marche sous un chef national ; à l'Est, un reste du gouvernement turc, représenté par Achmet, ruisseau qui coule encore après que la source a tari et qui ne tardera pas à tarir lui-même ou à se perdre dans le grand fleuve de la nationalité arabe. Entre ces trois puissances et comme enveloppées de toutes parts par elles, se rencontre une multitude de petites peuplades cabyles, qui échappent également à toutes les influences et se jouent de tous les gouvernements.

Il serait superflu de rechercher longuement ce que les Français eussent dû faire à l'époque de la conquête.

On peut dire seulement en peu de mots qu'il fallait d'abord se mettre simplement, et autant que notre civilisation le permet, à la place des vaincus ; que, loin de vouloir en commençant substituer nos usages administratifs aux leurs, il fallait pour un temps y plier les nôtres, conserver les délimitations politiques, prendre à notre solde les agents du gouvernement déchu, admettre ses traditions et garder ses usages. Au lieu de transporter les Turcs sur la côte d'Asie, il est évident qu'on devait conserver avec soin le plus grand nombre d'entre eux ; privés de leurs chefs, incapables de gouverner par eux-mêmes et craignant le ressentiment de leurs anciens sujets, ceux-là n'auraient pas tardé à devenir nos intermédiaires les plus utiles et nos amis les plus zélés, ainsi que l'ont été les coulouglis qui tenaient cependant de bien plus près aux

Arabes que les Turcs et qui pourtant ont presque toujours mieux aimé se jeter dans nos bras que dans les leurs. Quand une fois nous aurions connu la langue, les préjugés et les usages des Arabes, après avoir hérité du respect que les hommes portent toujours à un gouvernement établi, il nous eût été loisible de revenir peu à peu à nos usages et de franciser le pays autour de nous.

Mais aujourd'hui que les fautes sont irrévocablement commises, que reste-t-il à faire ? Et quelles espérances raisonnables doit-on concevoir ?

Distinguons d'abord avec soin les deux grandes races dont nous avons parlé plus haut, les Cabyles et les Arabes.

Quant aux Cabyles, il est visible qu'il ne saurait être question de conquérir leur pays ou de le coloniser : leurs montagnes sont, quant à présent, impénétrables à nos armées et l'humeur inhospitalière des habitants ne laisse aucune sécurité à l'Européen isolé qui voudrait aller paisiblement s'y créer un asile.

Le pays des Cabyles nous est fermé, mais l'âme des Cabyles nous est ouverte et il ne nous est pas impossible d'y pénétrer.

J'ai dit précédemment que le Cabyle était plus positif, moins croyant, infiniment moins enthousiaste que l'Arabe. Chez les Cabyles l'individu est presque tout, la société presque rien, et ils sont aussi éloignés de se plier uniformément aux lois d'un seul gouvernement pris dans leur sein que d'adopter le nôtre.

La grande passion du Cabyle est l'amour des jouissances matérielles, et c'est par là qu'on peut et qu'on doit le saisir.

Quoique les Cabyles nous laissent beaucoup moins pénétrer chez eux que les Arabes, ils se montrent beaucoup moins enclins à nous faire la guerre. Et lors même que quelques-uns d'entre eux prennent contre nous les armes, les autres ne laissent point de fréquenter nos marchés et de venir nous louer leurs services. La cause de cela est qu'ils ont déjà découvert le profit matériel qu'ils peuvent tirer de notre voisinage. Ils trouvent fort avantageux de venir nous vendre leurs denrées et acheter celles des nôtres qui peuvent convenir à l'espèce de civilisation qu'ils possèdent. Et, quoiqu'ils ne soient pas encore en état de se procurer notre bien-être, il est déjà facile de voir qu'ils l'admirent et qu'ils trouveraient fort doux d'en jouir.

Il est évident que c'est par nos arts et non par nos armes qu'il s'agit de dompter de pareils hommes.

S'il continue à s'établir entre les Cabyles et nous des rapports fréquents et paisibles ; que les premiers n'aient point à redouter notre ambition et rencontrent parmi nous une législation simple, claire et sûre qui les protège, il est certain que bientôt ils redouteront plus la guerre que nous-mêmes et que cet attrait presque invincible qui attire les sauvages vers l'homme civilisé du moment où ils ne craignent pas pour leur liberté se fera sentir. On verra alors les mœurs et les idées des Cabyles se modifier sans qu'ils s'en aperçoivent, et les barrières qui nous ferment leur pays tomberont d'elles-mêmes.

Le rôle que nous avons à jouer vis-à-vis des Arabes est plus compliqué et plus difficile :

Les Arabes ne sont pas fixés solidement au sol et leur âme est bien plus mobile encore que leurs demeures. Quoiqu'ils soient passionnément attachés à leur liberté, ils prisent un gouvernement fort et ils aiment à former une grande nation. Et, quoiqu'ils se montrent fort sensuels, les jouissances immatérielles ont un grand prix à leurs yeux, et à chaque instant l'imagination les enlève vers quelque bien idéal qu'elle leur découvre.

Avec les Cabyles il faut s'occuper surtout des questions d'équité civile et commerciale, avec les Arabes de questions politiques et religieuses.

Il y a un certain nombre de tribus arabes qui peuvent et qui doivent être dès à présent gouvernées directement par nous et un grand nombre sur lesquelles nous ne devons, quant à présent, vouloir obtenir qu'une influence indirecte.

Au bout de trois cents ans le pouvoir des Turcs ne s'était établi que très incomplètement sur les tribus éloignées des villes. Les Turcs cependant étaient mahométans comme les Arabes, ils avaient des habitudes analogues aux leurs et ils étaient parvenus à écarter des affaires l'aristocratie religieuse. Il est aisé de voir que n'ayant point pour nous aucun de ces avantages et étant en butte à des difficultés beaucoup plus grandes, nous ne pouvons espérer d'obtenir sur ces tribus la puissance qu'avaient acquise les Turcs ni même d'en approcher. Sur ce point notre immense supériorité militaire nous est presque inutile. Elle nous permet de vaincre, mais non de retenir sous nos lois des populations nomades s'enfonçant au besoin dans des déserts où nous ne pouvons les suivre, nous laissant nous-mêmes au milieu d'un désert où nous ne saurions subsister.

Tout l'objet de nos soins présents doit être de vivre en paix avec ceux des Arabes que nous n'avons pas l'espérance actuelle de pouvoir gouverner, et de les organiser de la manière la moins dangereuse à nos progrès futurs.

L'anarchie des Arabes, qui est si funeste à ces peuples, nous est fort nuisible à nous-mêmes, car n'ayant ni la volonté ni le pouvoir de les soumettre tout a coup par nos armes, nous ne pouvons espérer agir sur eux qu'à la longue par le contact de nos idées et de nos arts ; ce qui ne peut avoir lieu qu'autant que la paix et un certain ordre régneront chez eux. L'anarchie d'ailleurs qui pousse les tribus les unes sur les autres, les précipite sans cesse sur nous et ôte à nos frontières toute sécurité.

Nous avons donc un grand intérêt à recréer un gouvernement chez ces peuples et il n'est peut-être pas impossible d'arriver à ce que ce gouvernement dépende en partie de nous.

Aujourd'hui que le sceptre vient d'échapper des mains qui le tenaient depuis trois siècles, personne n'a un droit incontestable à gouverner ni de chance probable de fonder d'ici à longtemps un pouvoir incontesté. Toutes les puissances qui vont s'établir en Afrique seront donc chancelantes, et si notre appui est donné avec fermeté, avec justice et avec durée, les nouveaux souverains seront sans cesse portés à y avoir recours. Ils dépendront donc de nous en partie.

On doit viser avant tout à ce que ces Arabes indépendants s'habituent à nous voir nous mêler de leurs affaires intérieures et se familiarisent avec nous. Car il faut bien s'imaginer qu'un peuple puissant et civilisé comme le nôtre exerce par le seul fait de la supériorité de ses lumières une influence presque invincible sur de petites peuplades à peu près barbares ; et que, pour forcer celles-ci à s'incorporer à lui, il lui suffit de pouvoir établir des rapports durables avec elles.

Mais si nous avons intérêt à créer un gouvernement chez les Arabes de la Régence, nous avons un intérêt bien plus visible à ne point y laisser établir un seul gouvernant. Car alors le péril serait fort supérieur à l'avantage. Il nous importe beaucoup sans doute de ne pas laisser les Arabes livrés à l'anarchie, mais il nous importe encore plus de ne pas nous exposer à les voir rangés tous en même temps contre nous.

Alexis de Tocqueville

C'est sous ce point de vue que le dernier traité avec Abd-el-Kader et l'expédition projetée à Constantine sont de nature à exciter quelques craintes.

Rien de plus désirable que d'établir et de régulariser la puissance du nouvel émir dans la province d'Oran où son pouvoir était déjà fondé. Mais le traité lui concède en outre le gouvernement du beylik de Tittery et je ne puis m'empêcher de croire que l'expédition qui se prépare aura pour résultat final de lui livrer la plus grande partie de la province de Constantine.

On peut être assuré qu'au degré de puissance où Abd-el-Kader est parvenu, toutes les populations arabes qui se trouveront sans chef viendront d'elles-mêmes à lui. Il est donc imprudent de détruire ou même d'ébranler les pouvoirs arabes indépendants d'Abd-el-Kader ; il faudrait bien plutôt songer à en susciter qui n'existent pas encore. Or, si notre expédition de Constantine réussit, comme il y a tout lieu de le croire, elle ne pourra guère avoir pour résultat que de détruire Achmet sans mettre rien à sa place. Nous renverserons le coulougli et nous ne pourrons lui succéder ni lui donner un successeur arabe. Notre victoire livrera donc les tribus qui sont soumises à Achmet à une indépendance dont elles ne tarderont pas longtemps à aller faire le sacrifice dans les mains de l'émir qui les avoisine. Nous ferons l'anarchie et l'anarchie fera la puissance d'Abd-el-Kader.

Voilà du moins ce qu'on peut entrevoir de loin et dans l'ignorance où nous sommes des détails.

Ce qu'il est permis d'affirmer dès à présent avec certitude, c'est que nous ne pouvons souffrir que toutes les tribus arabes de la Régence reconnaissent jamais le même chef. C'est déjà beaucoup trop peu de deux. Notre sécurité présente, et le soin de notre avenir, exigeraient qu'il y en eût trois ou quatre au moins.

Indépendamment des tribus sur lesquelles il est de notre intérêt de ne chercher à exercer, quant à présent, qu'une influence indirecte, il y a une partie assez considérable du pays que notre sécurité aussi bien que notre honneur nous obligent à conserver sous notre puissance immédiate et à gouverner sans intermédiaire.

Là se trouvent une population française et une population arabe à faire vivre paisiblement dans les mêmes lieux. La difficulté est grande. Je suis bien loin pourtant de la croire insurmontable.

Je ne prétends pas entrer ici, Monsieur, avec vous dans le détail des moyens dont on pourrait se servir pour atteindre ce but. Il me suffit d'indiquer en gros ce qui me parait être la condition principale du succès.

Il est évident pour moi que nous ne réussirons jamais si nous entreprenons de soumettre nos nouveaux sujets de l'Algérie aux formes de l'administration française.

On ne fait point impunément du nouveau en fait de coutumes politiques. Nous sommes plus éclairés et plus forts que les Arabes, c'est à nous de nous plier d'abord jusqu'à un certain point à leurs habitudes et à leurs préjugés. En Algérie comme ailleurs, la grande affaire d'un gouvernement nouveau n'est pas de créer ce qui n'existe point, mais d'utiliser ce qui est. Les Arabes vivaient en tribus il y a deux mille ans dans le Yémen ; ils ont traversé toute l'Afrique et ont envahi l'Espagne en tribus, ils vivent encore de la même manière de nos jours. L'organisation par tribus, qui est la plus tenace de toutes les institutions humaines, ne saurait donc leur être enlevée d'ici à longtemps sans bouleverser tous leurs sentiments et toutes leurs idées. Les Arabes nomment eux-mêmes leurs chefs, il faut leur conserver ce privilège. Ils ont une aristocratie militaire et religieuse, il ne faut point chercher à la détruire, mais à s'en emparer et à en prendre une partie à notre solde ainsi que le faisaient les Turcs. Non seulement il est utile de tirer parti des coutumes politiques des Arabes, mais il est nécessaire de ne modifier que peu à peu les règles de leur droit civil. Car vous saurez, Monsieur, que la plupart de ces règles sont tracées dans le Coran de telle sorte que chez les Musulmans la loi civile et [la loi] religieuse se confondent sans cesse.

Il faut bien prendre garde surtout de nous livrer en Algérie à ce goût de l'uniformité qui nous tourmente et penser qu'à des êtres dissemblables il serait aussi dangereux qu'absurde d'appliquer la même législation. Lors de la chute de l'empire d'Occident, on a vu régner en même temps des lois barbares auxquelles le Barbare était soumis et des lois romaines que le Romain suivait.

Cet exemple est bon à imiter, c'est ainsi seulement qu'on peut espérer de traverser sans périr l'époque de transition qui s'écoule avant que deux peuples différents de civilisation puissent arriver à se fondre dans un seul tout.

Alexis de Tocqueville

Lorsque des Français et des Arabes habitent le même district, il faut donc se résoudre à appliquer à chacun d'eux la législation qu'il peut comprendre et qu'il a appris à respecter. Que le chef politique soit commun aux deux races, mais que pendant longtemps tout le reste diffère, la fusion viendra plus tard d'elle-même.

Il serait bien nécessaire aussi que la législation qui régit les Français en Afrique ne restât pas exactement la même que celle qui est en vigueur en France. Un peuple naissant ne peut point supporter les mêmes gênes administratives qu'un vieux peuple, et les mêmes formalités lentes et multipliées qui garantissent quelquefois la sécurité du second empêchent le premier de se développer et presque de naître.

Nous avons besoin en Afrique autant qu'en France, et plus qu'en France, des garanties essentielles à l'homme qui vit en société ; il n'y a pas de pays où il soit plus nécessaire de fonder la liberté individuelle, le respect de la propriété, la garantie de tous les droits que dans une colonie. Mais d'une autre part une colonie a besoin d'une administration plus simple, plus expéditive et plus indépendante du pouvoir central que celles qui dirigent les provinces continentales de l'empire.

Il faut donc retenir avec soin en Algérie la substance de notre état politique, mais ne pas tenir trop superstitieusement à sa forme ; et montrer plus de respect pour l'esprit que pour la lettre. Ceux qui ont visité l'Algérie prétendent que le contraire s'y remarque : ils disent qu'on y observe avec un soin scrupuleux les moindres méthodes administratives de la mère patrie et qu'on y oublie souvent les grands principes qui servent de base à nos lois. En agissant ainsi on peut espérer de multiplier les fonctionnaires publics, mais non les colons.

J'imagine, Monsieur, que maintenant que j'approche du terme de cette trop longue lettre, vous êtes tenté de me demander quelles sont, après tout, mes espérances sur l'avenir de notre nouvelle colonie.

Cet avenir me paraît être dans nos mains, et je vous dirai sincèrement qu'avec du temps, de la persévérance, de l'habileté et de la justice, je ne doute pas que nous ne puissions élever sur la côte d'Afrique un grand monument à la gloire de notre patrie.

Je vous ai dit, Monsieur, en commençant que les Arabes étaient tout à la fois pasteurs et cultivateurs, et que, bien qu'ils possédassent toutes les parties du sol, ils n'en cultivaient jamais qu'une très faible partie. La population arabe est donc fort clairsemée, elle occupe beaucoup plus de terrain qu'elle n'en peut ensemencer tous les ans. La conséquence de ceci est que les Arabes vendent aisément et à bas prix la terre et qu'une population étrangère peut sans peine s'établir à côté d'eux sans qu'ils en souffrent.

Vous comprenez dès lors, Monsieur, comment il est facile aux Français plus riches et plus industrieux que les Arabes d'occuper sans violence une grande partie du sol et de s'introduire paisiblement et en grand nombre jusqu'au sein des tribus qui les environnent. Il est facile de prévoir un temps prochain où les deux races seront entremêlées de cette manière sur beaucoup de points de la Régence.

Mais ce n'est point assez pour les Français de se placer à côté des Arabes, s'ils ne parviennent pas à établir avec eux un lien durable et à former enfin des deux races un seul peuple.

Tout ce que j'ai appris de l'Algérie me porte à croire que cet événement n'est point aussi chimérique que bien des gens le supposent.

Le gros des Arabes conserve encore une foi fort vive dans la religion de Mahomet ; cependant il est aisé de voir dans cette portion du territoire musulman, comme dans toutes les autres, que les croyances religieuses perdent sans cesse de leur vigueur et deviennent de plus en plus impuissantes à lutter contre les intérêts de ce monde. Quoique la religion ait joué un grand rôle dans les guerres qu'on nous a faites jusqu'à présent en Afrique et qu'elle ait servi de prétexte aux marabouts pour reprendre les armes, on peut dire qu'elle n'a été que la cause secondaire à laquelle ces guerres doivent être attribuées. On nous a attaqués bien plus comme des étrangers et des conquérants que comme des chrétiens et l'ambition des chefs plus que la foi des peuples a mis les armes à la main contre nous. Toutes les fois que le patriotisme ou l'ambition n'entraîne point contre nous les Arabes, l'expérience a montré que la religion ne les empêche pas de devenir nos plus zélés auxiliaires, et, sous notre drapeau, ils font une aussi rude guerre à leurs coreligionnaires que ceux-ci nous la font à nous-mêmes.

Il est donc permis de croire que si nous prouvons de plus en plus que sous notre domination ou dans notre voisinage l'islamisme n'est point en danger, les passions religieuses achèveront de s'éteindre et que nous n'aurons en Afrique que des ennemis politiques.

Alexis de Tocqueville

On aurait également tort de penser que les habitudes civiles des Arabes les rendent incapables de se plier à une vie commune avec nous.

En Espagne, les Arabes étaient sédentaires et agriculteurs ; dans les environs des villes de l'Algérie, il y a un grand nombre d'entre eux qui bâtissent des maisons et s'adonnent sérieusement à l'agriculture. Les Arabes ne sont donc pas naturellement et forcément pasteurs. Il est vrai qu'à mesure qu'on s'avance vers le désert, on voit disparaître les maisons et s'élever la tente. Mais c'est qu'à mesure qu'on s'éloigne des côtes la sûreté des propriétés et des personnes diminue et que, pour un peuple qui craint pour son existence et sa liberté, il n'y a rien de plus convenable que la vie nomade. Je vois bien que les Arabes aiment mieux errer en plein air que de rester exposés à la tyrannie d'un maître, mais tout m'indique que s'ils pouvaient être libres, respectés et sédentaires, ils ne tarderaient pas à se fixer. Je ne doute point qu'ils ne prissent bientôt notre genre de vie si nous leur donnions un intérêt durable à le faire.

Rien enfin dans les faits connus ne m'indique qu'il y ait incompatibilité d'humeur entre les Arabes et nous. Je vois au contraire, qu'en temps de paix, les deux races s'entremêlent sans peine et qu'à mesure qu'elles se connaissent mieux, elles se rapprochent.

Tous les jours les Français conçoivent des notions plus claires et plus justes sur les habitants de l'Algérie. Ils apprennent leurs langues, se familiarisent avec leurs coutumes et l'on en voit même qui font voir une sorte d'enthousiasme irréfléchi pour elles. D'une autre part, toute la jeune génération arabe d'Alger parle notre langue et a déjà pris en partie nos mœurs.

Lorsqu'il fut question dernièrement dans la banlieue d'Alger de se défendre contre le brigandage de quelques tribus ennemies, on vit se former une garde nationale composée d'Arabes et de Français qui vinrent dans les mêmes corps de garde et partagèrent ensemble les mêmes fatigues et les mêmes dangers.

Il n'y a donc point de raisons de croire que le temps ne puisse parvenir à amalgamer les deux races. Dieu ne l'empêche point ; les fautes seules des hommes pourraient y mettre obstacle.

Ne désespérons donc point de l'avenir, Monsieur ; ne nous laissons pas arrêter par des sacrifices passagers lorsqu'un immense objet se découvre et que de persévérants efforts peuvent l'atteindre.

TRAVAIL SUR L'ALGÉRIE (1841)

Je ne crois pas que la France puisse songer sérieusement à quitter l'Algérie. L'abandon qu'elle en ferait serait aux yeux du monde l'annonce certaine de sa décadence. Il y aurait beaucoup moins d'inconvénient à nous voir enlever de vive force notre conquête par une nation rivale. Un peuple dans toute sa vigueur et au milieu même de sa force d'expansion, peut être malheureux à la guerre et y perdre des provinces. Cela s'est vu pour les Anglais qui, après avoir été contraints de signer en 1783 un traité qui leur enlevait leurs plus belles colonies, étaient arrivés, moins de trente ans après, à dominer toutes les mers et à occuper les plus utiles positions commerciales sur tous les continents. Mais si la France reculait devant une entreprise où elle n'a devant elle que les difficultés naturelles du pays et l'opposition des petites tribus barbares qui l'habitent, elle paraîtrait aux yeux du monde plier sous sa propre impuissance et succomber par son défaut de cœur. Tout peuple qui lâche aisément ce qu'il a pris et se retire paisiblement de lui-même dans ses anciennes limites, proclame que les beaux temps de son histoire sont passés. Il entre visiblement dans la période de son déclin.

Si jamais la France abandonne l'Algérie, il est évident qu'elle ne peut le faire qu'au moment où on la verra entreprendre de grandes choses en Europe et non pas dans un temps comme le nôtre où elle semble descendre au second rang et paraît résignée à laisser passer en d'autres mains la direction des affaires européennes.

Indépendamment de cette raison, la première à mes yeux, j'en vois plusieurs autres qui doivent nous attacher à notre conquête.

Ceux qui disent que nous achetons par de trop grands sacrifices les avantages que peut nous offrir l'Algérie ont raison [1]. Mais ils ont tort quand ils réduisent presque à rien ces avantages. La vérité est que, si nous pouvions en arriver à tenir fermement et à posséder paisiblement cette côte d'Afrique, notre influence dans les affaires générales du monde serait fort accrue. L'Algérie présente deux positions qui sont ou qui peuvent devenir prépondérantes dans la Méditerranée :

La première est le port de Mers-el-Kébir ; ce port placé en face et à cinquante lieues de Carthagène se trouve à la tête du détroit qui, formé

1 Ce qui serait trop, surtout, ce serait de nous laisser dire que notre conquête d'Afrique doit faire notre part dans le partage de l'Orient.

Alexis de Tocqueville

par la côte d'Afrique et par celle d'Espagne, va toujours se rétrécissant jusqu'à Gibraltar. Il est évident qu'une pareille position domine l'entrée et la sortie de la Méditerranée. L'enquête que nous avons faite sur les lieux près des marins et en particulier du capitaine d'Assigny, homme de mérite qui occupe depuis près de deux ans la station, prouve que, sans nouveaux travaux, dans son état actuel, le port de Mers-el-Kébir peut contenir une flotte de 15 vaisseaux au moins, presque inattaquable par un débarquement ou par la mer.

La seconde situation, c'est Alger même. Les travaux exécutés à Alger en font déjà un port de commerce assez considérable. Des travaux projetés, et dont le succès est désormais à peu près certain, peuvent faire d'Alger un grand port militaire avec établissement maritime complet.

Ces deux points s'appuyant l'un sur l'autre, placés en face des côtes de France, sur la mer *politique* de nos jours, ajouteraient assurément beaucoup à la force de la France [1].

Cela est incontestable, Ce qui ne l'est pas moins à mes yeux, c'est que si ces positions ne restent pas dans nos mains, elles passeront dans celles d'un autre peuple de l'Europe. Si elles ne sont pas pour nous, elles seront contre nous, soit qu'elles tombent directement sous le pouvoir de nos ennemis, soit qu'elles entrent dans le cercle habituel de leur influence. Il est arrivé en Afrique ce qu'on a vu en Égypte, ce qui arrive toutes les fois qu'il y a contact, même par la guerre, entre deux races dont l'une est éclairée et l'autre ignorante, dont l'une s'élève et l'autre s'abaisse. Les grands travaux que nous avons déjà faits en Algérie, les exemples de nos arts, de nos idées, de notre puissance ont puissamment agi sur l'esprit des populations mêmes qui nous combattent avec le plus d'ardeur et qui rejettent avec le plus d'énergie notre joug. Il est probable que si nous abandonnions Alger, le pays passerait directement sous l'empire d'une nation chrétienne ; mais en admettant même, ce qui est possible, qu'Alger retombât d'abord dans les mains des musulmans, on peut affirmer d'avance que la puissance musulmane qui prendrait notre place serait très différente de celle que nous avons détruite ; qu'elle viserait plus haut, qu'elle aurait d'autres moyens d'action, qu'elle entrerait en contact habituel avec les nations chrétiennes et serait habituellement dirigée par l'une d'entre elles. En un mot, il est évident pour moi que,

1 Un point *nécessaire à* obtenir pour compléter cet ensemble et même pour nous permettre de conserver les deux autres, c'est Mahon. Cette vérité est évidente comme il est évident qu'il fallait être fou pour la proclamer *à* la tribune.

TRAVAIL SUR L'ALGÉRIE (1841)

quoi qu'il arrive, l'Afrique est désormais entrée dans le mouvement du monde civilisé et n'en sortira plus.

Il faut donc conserver Alger. Mais comment faire pour y réussir ?

Une première considération frappe : c'est que le temps presse. Il faut se hâter pour deux raisons évidentes :

1° La première, c'est que si la guerre nous surprend dans ce premier travail d'établissement, elle nous enlèvera aisément le pays et nous fera perdre le fruit de tous les sacrifices déjà faits.

2° La seconde, c'est que tant que ce travail durera, notre action dans le monde sera suspendue et le bras de la France comme paralysé, état de chose qu'il importe à notre sûreté autant qu'à notre honneur de faire cesser vite.

Il faut donc se hâter et accorder tout ce qui est nécessaire pour atteindre le plus tôt possible le but qu'on se propose. La question sera toujours pour moi : ce que l'on fait est-il efficace et non ce que l'on fait coûte-t-il. En cette affaire toute dépense utile est une économie.

Mais quels sont les moyens efficaces de réussir ?

Qu'il ne faut point séparer la domination de la colonisation et vice-versa

Il y a deux manières de conquérir un pays : la première est d'en mettre les habitants sous sa dépendance et de les gouverner, directement ou indirectement. C'est le système des Anglais dans l'Inde. Le second est de remplacer les anciens habitants par la race conquérante. C'est ainsi que les Européens ont presque toujours agi. Les Romains faisaient, en général, les deux choses. Ils s'emparaient du gouvernement du pays et ils fondaient dans plusieurs de ses parties des colonies qui n'étaient autres que de petites sociétés romaines transportées au loin.

Il a beaucoup été dit et il y a des gens qui pensent encore que les Français devraient se borner à dominer en Algérie sans vouloir y coloniser. L'étude de la question m'a donné une opinion toute contraire.

Il faut reconnaître que si l'on ne voulait pas coloniser, la domination deviendrait plus aisée ; car ce qui met surtout les armes à la main aux Arabes, c'est l'idée que nous voulons les déposséder et nous établir tôt ou tard dans l'héritage qu'ils ont reçu de leurs aïeux. Si, dès le principe, nous avions dit et fait croire que nous ne visions qu'au gouvernement et non aux terres, nous aurions trouvé peut-être assez de facilités à faire reconnaître notre autorité. Mais ce premier moment est passé. Maintenant, les préjugés que nous avons fait naître sont si puissants que nous ferions difficilement croire à un changement de système, fût-il réel et sincère de notre part ; je suis porté toutefois à croire que si la France renonçait, même à présent, à coloniser, notre domination trouverait moins de difficulté à se faire accepter. Mais ce serait une domination toujours *improductive* et *précaire*.

Je crois qu'on parviendra avec le temps à gouverner les Arabes d'une manière plus régulière qu'on ne le fait aujourd'hui, avec moins de soldats et moins d'argent [1], et qu'on arrivera à lever sur eux des impôts plus considérables qu'à présent. Mais on peut dire néanmoins que d'ici à une époque fort éloignée et dont on ne peut assigner le terme, la domination sur les Arabes sera onéreuse. Cela tient à l'organisation sociale de ce peuple sur laquelle pendant très longtemps, peut-être toujours, nous ne pourrons rien : à l'organisation par tribu et à la vie nomade. Des sociétés très petites et errantes demandent beaucoup d'efforts et de frais pour être tenues dans un ordre toujours imparfait. Et ce grand travail gouvernemental produit fort peu parce que les mêmes causes qui les rendent si difficiles à maintenir font qu'elles sont pauvres, qu'elles ont peu de besoins et peu de produits.

De plus, ainsi que je le dirai avec détail plus loin à propos d'Abd-el-Kader lui-même, un pareil empire est toujours précaire. Un gouvernement qui agit sur des tribus et surtout sur des tribus nomades n'est jamais sûr de rester debout. Cela est vrai des chefs indigènes. Cela est bien plus vrai encore quand on l'applique à des étrangers et à des infidèles. Il est hors de doute qu'à la première crise une pareille domination serait en péril de se dissoudre.

La domination sans la colonisation serait donc plus facile à établir, mais elle ne vaudrait pas le temps, l'argent ni les hommes qu'elle nous coûterait.

---

1 Dire quelque part comment.

La domination totale et la colonisation partielle

C'est ce qui a fait penser à de bons esprits qu'il fallait que la France, abandonnant entièrement et dès à présent l'idée de dominer dans l'intérieur, se bornât à occuper les points *politiques* de la côte et à coloniser autour.

Nous serons peut-être obligés, en fin de compte, d'en revenir là et de reprendre la question par ce petit bout. Mais mon opinion bien décidée est que ce serait un grand malheur et qu'il faut faire les plus énergiques efforts pour unir les deux systèmes avant de se réduire à abonder uniquement dans l'un des deux.

La colonisation sans la domination sera toujours, suivant moi, une œuvre incomplète et précaire.

Si nous abandonnons les Arabes à eux-mêmes et que nous les laissions se former en puissance régulière sur nos derrières, notre établissement en Afrique n'a point d'avenir. Il dépérira en détail par l'hostilité permanente des indigènes, ou il tombera tout à coup sous l'effort de ces mêmes indigènes aidés par une puissance chrétienne.

Se flatter qu'on pourrait jamais établir une paix solide avec un prince arabe de l'intérieur serait, suivant moi, se livrer à une erreur manifeste. L'état permanent d'un pareil souverain sera la guerre avec nous, quelles que soient d'ailleurs ses inclinations personnelles, et fût-il aussi pacifique de son naturel et aussi peu fanatique dans sa religion qu'il est possible de le concevoir. On s'en convaincra si l'on fait attention à ces raisons-ci :

Un émir ne commande point, comme les rois de l'Europe, à des particuliers dont chacun peut être comprimé isolément par la force sociale dont le prince dispose, mais à des tribus qui sont de petites nations complètement organisées, qu'on ne saurait habituellement conduire que dans le sens de leurs passions. Or les passions religieuses et déprédatrices des tribus arabes les porteront toujours à nous faire la guerre. La paix avec les chrétiens de temps en temps, et la guerre habituellement, tel est le goût naturel des populations qui nous environnent. Elles ne laisseront de pouvoir qu'à celui qui leur permettra de s'y conformer.

Quoique les tribus dont se compose la population arabe de la Régence aient une langue, des idées, des habitudes assez semblables, elles diffèrent prodigieusement entre elles par les intérêts et elles sont divisées profondément par de vieilles inimitiés. On le voit bien à la facilité que nous avons souvent trouvée pour les armer en notre faveur, et les unes contre les autres. La grande difficulté pour gouverner ces peuples, c'est de faire naître et d'exploiter chez eux un sentiment commun ou une idée commune à tous, à l'aide desquels on puisse les tenir tous ensemble et les pousser tous à la fois du même côté. La seule idée commune qui puisse servir de lien entre toutes les tribus qui nous entourent, c'est la religion ; le seul sentiment commun sur lequel on puisse s'appuyer pour les soumettre au même joug, c'est la haine envers l'étranger et l'infidèle qui est venu envahir leur pays. Le prince qui gouvernera ces tribus sera toujours d'autant plus puissant et d'autant plus paisible dans son pouvoir, qu'il exaltera davantage et enflammera plus violemment ces sentiments communs et ces idées communes. C'est-à-dire que son gouvernement sera plus assuré et plus fort à mesure qu'il excitera contre nous plus de fanatisme et plus de haine. Cela est vrai surtout d'un gouvernement nouveau, qui par conséquent n'est soutenu ni par de vieilles habitudes d'obéissance, ni par le respect superstitieux qui finit par s'attacher à tout ce qui dure.

L'histoire nous montre d'ailleurs qu'on n'a jamais pu faire faire en commun de grandes choses aux Arabes que par ce procédé. C'est ainsi qu'a agi Mahomet, ainsi les premiers califes, ainsi les différents princes qui se sont successivement élevés sur la côte d'Afrique dans le Moyen Age. Pour tirer parti de ces peuples, il faut ou détruire dans leur sein la division par tribus ou exciter en même temps, parmi toutes les tribus, une passion commune qui les tienne artificiellement et violemment ensemble, malgré les vices de leur organisation sociale qui tend sans cesse à les diviser.

Abd-el-Kader, qui est évidemment un esprit de l'espèce la plus rare et la plus dangereuse, mélange d'un enthousiasme sincère et d'un enthousiasme feint, espèce de Cromwell musulman, Abd-el-Kader, dis-je, a merveilleusement compris cela. Dans tous ses actes extérieurs, le prince se montre bien moins que le saint : il se cache sans cesse derrière l'intérêt de la religion pour laquelle, dit-il, il agit ; c'est comme interprète du Koran et le Koran à la main qu'il enjoint et qu'il condamne, c'est la réforme qu'il prêche autant que l'obéissance ; son humilité croît avec sa puissance. La haine religieuse que nous inspirons l'a créé, elle l'a grandi, elle le maintient ; l'éteindre, c'est renoncer à son pouvoir. Il ne l'éteindra donc pas, mais la ravivera sans cesse, et il nous fera toujours soit sourdement soit ostensiblement la guerre, parce que la paix, rendant les tribus à leurs instincts naturels, dissoudrait bientôt le faisceau sur lequel il s'appuie.

Il n'est pas possible d'ailleurs qu'Abd-el-Kader ou tout autre prince qui rangerait sous son pouvoir les tribus de l'Algérie puisse se satisfaire de la condition que nous lui faisons et en jouir en paix. Le soin de notre sécurité nous oblige à retenir en notre pouvoir tous les ports de la côte et à garder sous notre contrôle cette côte tout entière. En laisser aucun point important aux mains des Arabes, c'est préparer une place de sûreté et un refuge à la première puissance chrétienne qui sera en lutte avec nous. C'est fournir à tous nos ennemis un moyen naturel d'entrer en communication avec les indigènes et de nous susciter utilement la guerre. Or une grande population arabe serrée entre nous et le désert ne peut vivre qu'avec une extrême gêne. Quoique les Arabes aient moins de besoins que les nations civilisées de l'Europe, ce serait une erreur de croire qu'ils n'en aient pas plus que des sauvages. Avant la conquête de l'Algérie, il se faisait sur divers points de la côte un commerce assez considérable. Les Arabes vendaient du blé, des bestiaux, des peaux, de la laine, de la cire ; ils achetaient, quoique en petite quantité, des objets européens à la place. L'impossibilité de se livrer à ces échanges nécessaires autrement que suivant notre bon plaisir rendrait la position d'une nation arabe de l'intérieur très difficile ; on s'en aperçoit bien aujourd'hui. Le plus grand mal que nous causions aux indigènes résulte de l'interdiction du commerce. Leur gouvernement souffrirait autant qu'eux-mêmes de cet état de chose. Car c'est en Europe qu'il se fournit de la plupart des objets nécessaires à l'établissement de son pouvoir. C'est avec les arts et même avec les idées de l'Europe qu'il peut espérer soumettre les Arabes et combattre victorieusement les Français.

Nous ne pouvons lui concéder une position sur la côte, et il ne peut s'en passer. Il ne saurait donc s'établir entre lui et nous une paix solide et durable.

Aussi, il est vital pour l'avenir de la colonisation que nous ne laissions point établir dans l'intérieur et sur nos derrières une grande puissance arabe. Je répète qu'à mon sens ce n'est qu'à ce prix qu'on peut espérer fonder en Afrique un établissement prospère et durable.

Je ne me fais point d'illusion sur la nature et la valeur de l'espèce de domination que la France peut fonder sur les Arabes. Je sais que nous ne créerons jamais là, même en nous y prenant le mieux possible, qu'un gouvernement souvent troublé, et habituellement onéreux. Je n'ignore pas que de pareils sujets n'ajouteront rien à notre force. Aussi la domination n'est-elle pas le but que doit se proposer la France, c'est le moyen nécessaire qu'elle emploie pour arriver à la possession tranquille du littoral et à la colonisation d'une partie du territoire, but réel et sérieux de ses efforts. Jamais nous n'aurons ni sécurité ni avenir sur la côte si nous ne parvenons à faire respecter tant bien que mal notre autorité dans l'intérieur ou, tout au moins, à empêcher que les différentes tribus qui l'habitent ne se réunissent sous un même chef. En un mot la colonisation partielle et la domination totale, tel est le résultat vers lequel je suis convaincu qu'il faut tendre, jusqu'à ce que l'impossibilité de l'atteindre soit démontrée.

TRAVAIL SUR L'ALGÉRIE (1841)

I. - La domination et les moyens de l'établir

Qu'il n'y a pas de temps à perdre si l'on veut détruire la puissance d'Abd-el-Kader

Je n'ai pas besoin de faire remarquer que plus un pouvoir est nouveau, plus il y a de chance de le détruire. Cela saute aux yeux. Ce que je veux dire, c'est que la manière dont s'y prend Abd-el-Kader peut faire craindre que, si on lui laisse le temps de s'établir, il ne devienne bientôt quelque chose de si puissant et de si durable, qu'il nous soit très difficile de l'abattre.

Le gouvernement d'Abd-el-Kader est déjà plus centralisé, plus agile et plus fort que ne l'a jamais été celui des Turcs. Il réunit avec moins de peine un plus grand nombre d'hommes et plus d'argent. Cela vient en partie de ce que j'ai dit précisément en montrant quelles étaient les conséquences nécessaires du contact des Européens avec les autres peuples. Abd-el-Kader a conservé de l'Arabe tout ce qu'il fallait pour exalter ses compatriotes, il nous a pris tout ce qu'il fallait pour les soumettre.

La plus grande difficulté que rencontre un prince qui veut gouverner une confédération de tribus arabes est celle-ci : A chaque instant il est exposé à trouver devant lui une force organisée qui lui résiste, tandis qu'il n'est jamais sûr de trouver au besoin sous sa main les moyens de faire respecter son pouvoir. La première condition de puissance et même d'existence pour un tel prince est donc de posséder une armée qui lui appartienne, indépendamment de celle que les tribus peuvent accidentellement lui fournir, armée qui, hors d'état peut-être de vaincre une révolte générale, est du moins capable d'abattre les résistances partielles qui se rencontrent chaque jour.

Abd-el-Kader est parvenu à se créer cette armée. Il a fait plus : l'exemple des Turcs lui ayant appris que, pour venir à bout de la désobéissance des Arabes, il ne fallait pas seulement de la cavalerie, mais de l'infanterie, il a entrepris de former des régiments de cette arme ; ici la difficulté était très grande, les Arabes ayant pour l'infanterie le même mépris qu'avaient les Chrétiens du Moyen Age. Abd-el-Kader est arrivé cependant à réunir un certain nombre d'hommes dont il a formé des bataillons et, profitant de notre expérience comme il avait profité de celle des Turcs, il a donné à ces bataillons une organisation européenne, organisation impuissante contre la nôtre, mais qui le rend maître de ses compatriotes. Il était difficile d'en arriver là, mais, une fois là, le reste devenait aisé.

Avec son armée, il a levé des impôts réguliers qui à leur tour lui ont permis d'entretenir et de tenir sur pied son armée. A l'aide de cette même force permanente, il forme des magasins, prépare des ressources, forme de longs desseins et peut les mener tranquillement à bout. Grâce à elle, il est toujours prêt à prévenir ou à écraser en détail toutes les résistances, tandis que les mécontents ont besoin de se réunir tous ensemble et de s'entendre à l'avance pour l'attaquer avec succès. Ainsi, il conduit la majorité par l'enthousiasme et la minorité par la peur. Tel est le secret de sa puissance, il n'est pas difficile à comprendre ; car ce que tente Abdel-Kader n'est pas nouveau dans le monde. Il se fait en ce moment dans ces contrées à demi sauvages de l'Afrique un travail social très analogue à celui qui a eu lieu en Europe à la fin du Moyen Age. Abd-el-Kader, qui. probablement n'a jamais entendu parler de ce qui se passait en France au XVe siècle, agit vis-à-vis des tribus précisément comme nos rois et en particulier Charles VII ont agi contre la féodalité. Il crée des compagnies d'ordonnance. Et à l'aide de cette force indépendante il abat en détail les petites puissances qui réunies lui feraient aisément la loi. Les rois de France profitaient de chaque petite rébellion pour dépouiller les grands vassaux et pour faire rentrer de nouveaux territoires sous leur administration directe. Abd-el-Kader saisit les mêmes occasions pour faire successivement périr dans chaque tribu les hommes les plus considérables qui lui font ombrage. C'est le même procédé appliqué d'une manière un peu différente. Sans connaître l'histoire de ces princes, mais obéissant à un instinct semblable à celui qui les faisait agir, il disperse ou détruit chaque jour les familles anciennes et puissantes, et en fait surgir de nouvelles qui lui doivent leur autorité et ne possèdent pas une autorité assez ancienne et assez bien établie pour pouvoir alarmer la sienne. Il ne fait pas seulement la guerre aux Français, mais à l'aristocratie héréditaire de son pays.

Tout cela est fort nouveau parmi les Arabes. L'ambition que montre Abd-el-Kader s'est montrée avec plus ou moins de succès chez beaucoup d'autres. Mais il est le premier qui ait pris dans son contact avec l'Europe les idées propres à faire réussir d'une manière durable son entreprise. Il ne faut donc pas se fier sur le passé et croire que cette puissance, après avoir brillé un moment, s'éteindra comme tant d'autres. Il est au contraire fort à craindre qu'Abd-el-Kader ne soit en train de fonder chez les Arabes qui nous entourent un pouvoir plus centralisé, plus agile, plus fort, plus expérimenté et plus régulier que tous ceux qui se sont succédé depuis des siècles dans cette partie du monde. Il faut donc s'efforcer de ne pas lui laisser achever ce redoutable travail.

Qu'il ne faut pas encore désespérer de détruire Abd-el-Kader

Il n'y a pas un homme de guerre ou même un simple voyageur ayant été en Algérie qui se figure qu'Abd-el-Kader pourra être détruit d'un seul coup par la force des armes. Abd-el-Kader sait qu'il n'a pas la moindre chance de nous vaincre en bataille rangée. Il ne livrera donc jamais de son plein gré une pareille bataille et il n'y a aucun moyen de l'y forcer. Ce qui oblige un prince européen à livrer bataille, même avec désavantage, c'est la nécessité de couvrir une population qui tomberait sous le joug de l'ennemi s'il se retirait ; c'est le besoin de sauver des magasins, une artillerie, des villes, la capitale. Il y a en un mot pour les puissances civilisées d'Europe plusieurs malheurs plus grands que la perte d'une bataille. Cela n'existe pas en Algérie. Les populations fuient aisément devant l'ennemi ; les armées portent tout avec elles ; il n'y a point de ville ni de position importantes dont on puisse s'emparer a demeure ; il n'y a donc rien qui oblige les Arabes de combattre, s'ils n'en ont point envie, et il serait insensé à eux d'avoir cette envie. Avec eux la guerre ne peut donc finir par un grand coup.

Si Abd-el-Kader est détruit, il ne le sera jamais qu'avec l'aide de quelques-unes des tribus qui lui sont aujourd'hui soumises ; le faisceau de sa puissance sera délié plutôt que brisé.

Quoique Abd-el-Kader ait abattu beaucoup d'hommes puissants parmi ses compatriotes, il en reste encore un grand nombre que son pouvoir irrite et blesse et que leur position mettrait en état de lever l'étendard de la révolte contre lui si les populations voulaient les suivre. Quoiqu'il ait créé une force indépendante des tribus, il n'a pas détruit la force individuelle et organisée de ces tribus. Plusieurs sont de véritables nations qui se détachant de lui amèneraient aussitôt sa chute. Plus la puissance d'Abd-el-Kader aura eu de durée, plus cet événement sera improbable. Il ne l'est pas encore aujourd'hui.

Il y a deux moyens d'amener chez les Arabes le schisme dont nous devons profiter :

On peut gagner quelques-uns des principaux par des promesses ou des largesses.

On peut dégoûter et lasser les tribus par la guerre.

Je n'hésite pas à dire que ces deux moyens peuvent et doivent être employés simultanément et que le moment d'y renoncer n'est pas venu.

L'expérience a déjà montré mille fois que, quels que soient le fanatisme et l'esprit national des Arabes, l'ambition personnelle et la cupidité avaient souvent encore plus de puissance dans leur cœur et leur faisaient prendre accidentellement les résolutions les plus opposées à leurs tendances habituelles. Le même phénomène s'est toujours vu chez les hommes à moitié civilisés. Le cœur du sauvage est comme une mer perpétuellement agitée, mais où le vent ne souffle pas toujours du même côté.

Les faits, non seulement de notre temps, mais aux époques antérieures, ont prouvé que les mêmes Arabes qui montraient la haine la plus furieuse contre les chrétiens pouvaient tout à coup prendre les armes pour eux et se tourner contre leurs compatriotes.

Il ne faut donc jamais désespérer de les gagner soit en flattant leur ambition, soit en leur distribuant de l'argent.

Il y a toujours intérêt à le tenter, car les Arabes forment une société fort aristocratique ; l'influence que donnent chez eux la naissance, la richesse, la sainteté, est très grande. Les hommes y tiennent fortement les uns aux autres et en tirant à soi l'un d'entre eux on le fait presque toujours suivre par plusieurs autres.

Quant aux règles de cette diplomatie nécessaire, on ne saurait évidemment les indiquer à l'avance. Tout ici est dans l'appréciation prompte et délicate des faits, tout est dans l'honnêteté et la sûreté de la main qui agit. Il faut évidemment en Afrique des fonds secrets considérables ; mais le succès qu'on en attend dépend entièrement du choix de l'homme qui doit s'en servir. L'emploi de ces fonds a souvent été fait d'une manière bien misérable et par de grands misérables.

Au point où en sont les choses, la diplomatie serait, du reste, inutile sans la guerre.

Avant que la puissance d'Abd-el-Kader fût née et se fût constituée, je suis convaincu qu'il était possible, sans faire précisément la guerre, mais seulement en se servant des passions des Arabes et en les opposant les uns aux autres, d'empêcher qu'aucun d'eux ne devînt le maître et de les tenir tous dans notre dépendance. Ce moment est passé depuis long-temps. Aujourd'hui qu'Abd-el-Kader est à la tête d'une armée toujours réunie et qui peut, à chaque instant et au moindre soupçon, tomber sur ceux qui voudraient le trahir, on ne saurait espérer de défection qu'à deux conditions : la première est d'occuper des positions militaires qui nous permettent de défendre efficacement contre les coups imprévus d'Abd-el-Kader ceux qui se seront déclarés pour nous ; la seconde est de donner aux chefs qui voudront s'unir à nous l'appui de celles des tribus dont la patience se sera lassée dans le genre de vie auquel la domination d'Abd-el-Kader les condamne. Il n'y a que la guerre qui puisse remplir ces deux conditions.

Quelle espèce de guerre on peut et on doit faire aux Arabes

Quant à la manière de faire cette guerre, j'ai vu émettre deux opinions très contraires et que je rejette également.

D'après la première, pour réduire les Arabes il convient de conduire contre eux la guerre avec la dernière violence et à la manière des Turcs, c'est-à-dire en tuant tout ce qui se rencontre. J'ai entendu soutenir cet avis par des officiers qui allaient jusqu'à regretter amèrement qu'on commençât de part et d'autre à faire des prisonniers et on m'a souvent affirmé que plusieurs encourageaient leurs soldats à n'épargner person-ne. Pour ma part, j'ai rapporté d'Afrique la notion affligeante qu'en ce moment nous faisons la guerre d'une manière beaucoup plus barbare que les Arabes eux-mêmes. C'est, quant à présent, de leur côté que la civilisation se rencontre. Cette manière de mener la guerre me paraît aussi inintelligente qu'elle est cruelle. Elle ne peut entrer que dans l'es-prit grossier et brutal d'un soldat. Ce n'était pas la peine en effet de nous mettre à la place des Turcs pour reproduire ce qui en eux méritait la dé-testation du monde. Cela, même au point de vue de l'intérêt, est beau-coup plus nuisible qu'utile ; car, ainsi que me le disait un autre officier, si nous ne visons qu'à égaler les Turcs nous serons par le fait dans une position bien inférieure à eux : barbares pour barbares, les Turcs auront toujours sur nous l'avantage d'être des barbares musulmans. C'est donc à un principe supérieur au leur qu'il faut en appeler.

D'une autre part, j'ai souvent entendu en France des hommes que je respecte, mais que je n'approuve pas, trouver mauvais qu'on brûlât les moissons, qu'on vidât les silos et enfin qu'on s'emparât des hommes sans armes, des femmes et des enfants.

Ce sont là, suivant moi, des nécessités fâcheuses, mais auxquelles tout peuple qui voudra faire la guerre aux Arabes sera obligé de se soumettre. Et, s'il faut dire ma pensée, ces actes ne me révoltent pas plus ni même autant que plusieurs autres que le droit de la guerre autorise évidemment et qui ont lieu dans toutes les guerres d'Europe. En quoi est-il plus odieux de brûler les moissons et de faire prisonniers les femmes et les enfants que de bombarder la population inoffensive d'une ville assiégée ou que de s'emparer en mer des vaisseaux marchands appartenant aux sujets d'une puissance ennemie ? L'un est, à mon avis, beaucoup plus dur et moins justifiable que l'autre.

Si en Europe on ne brûle pas les moissons, c'est qu'en général on fait la guerre à des gouvernements et non à des peuples ; si on ne fait prisonniers que les gens de guerre, c'est que les armées tiennent ferme et que les populations civiles ne se dérobent point à la conquête. C'est en un mot que partout on trouve le moyen de s'emparer du pouvoir politique sans s'attaquer aux gouvernés ou même en se fournissant chez eux des ressources nécessaires à la guerre.

On ne détruira la puissance d'Abd-el-Kader qu'en rendant la position des tribus qui adhèrent à lui tellement insupportable qu'elles l'abandonnent. Ceci est une vérité évidente. Il faut s'y conformer ou abandonner la partie. Pour moi, je pense que tous les moyens de désoler les tribus doivent être employés. Je n'excepte que ceux que l'humanité et le droit des nations réprouvent.

Le moyen le plus efficace dont on puisse se servir pour réduire les tribus, c'est l'interdiction du commerce. J'ai dit précédemment que les Arabes avaient plus besoin d'acheter et de vendre qu'on ne le supposait couramment. Ils souffrent beaucoup d'être parqués entre nos bayonnettes et le désert. Je me suis longtemps entretenu dans la province d'Alger avec des hommes intelligents qui s'étaient trouvés récemment chez les

TRAVAIL SUR L'ALGÉRIE (1841)

tribus voisines, notamment chez les Hadjoutes, à l'occasion du traité relatif à l'échange des prisonniers. Ils m'ont tous assuré que ces Arabes, bien que restant fidèles à Abd-el-Kader, se plaignent amèrement de l'état de souffrance dans lequel ils se trouvent par suite de la cessation du commerce. Ils montraient leurs troupeaux en disant : Que sert d'élever tous ces animaux s'il n'y a chez nous et autour de nous aucune ville où on puisse les vendre pour acheter ce qui nous est nécessaire et que nous ne pouvons fabriquer ?

Cet état de chose est peut-être moins senti dans la province d'Oran que dans celle d'Alger à cause du voisinage du Maroc ; toutefois, je ne puis douter que la misère n'y soit aussi fort grande.

Le second moyen en importance, après l'interdiction du commerce, est le ravage du pays. Je crois que le droit de la guerre nous autorise à ravager le pays et que nous devons le faire soit en détruisant les moissons à l'époque de la récolte, soit dans tous les temps en faisant de ces incursions rapides qu'on nomme razzias et qui ont pour objet de s'emparer des hommes ou des troupeaux.

On crie beaucoup en France contre ces grandes promenades militaires que l'armée d'Afrique décore du nom de campagnes. On a raison dans ce sens que très souvent ces voyages meurtriers ne sont entrepris que dans le but de satisfaire l'ambition des chefs. Mais ils me paraissent quelquefois indispensables et dans ces cas on aurait bien tort de les proscrire.

Ce qui est à la longue insupportable à une tribu arabe, ce n'est pas le passage de loin en loin d'un grand corps d'armée sur son territoire, c'est le voisinage d'une force mobile qui à chaque instant et d'une manière imprévue peut tomber sur elle. De même, il faut reconnaître que ce qui peut protéger efficacement nos alliés, ce n'est pas une grande armée qui viendrait de loin en loin se joindre à eux pour combattre l'ennemi commun, c'est la possibilité de nous appeler à l'instant à leur secours si Abd-el-Kader s'approche.

On peut donc dire, en thèse générale, qu'il vaut mieux avoir plusieurs petits corps mobiles et s'agitant sans cesse autour de points fixes que de grandes armées parcourant à de longs intervalles un immense espace de pays. Partout où vous pouvez placer un corps de manière à ce qu'il puisse au besoin se débloquer et courir le pays, on doit le faire. C'est là, suivant moi, la règle. Mais pour placer ou ravitailler ces petits corps, il

Alexis de Tocqueville

faut de temps à autre des expéditions considérables.

Je dirai aussi que les grandes expéditions me paraissent de loin en loin nécessaires :

1° Pour continuer à montrer aux Arabes et à nos soldats qu'il n'y a pas dans le pays d'obstacles qui puissent nous arrêter ;

2° Pour détruire tout ce qui ressemble à une agrégation permanente de population, ou en d'autres termes à une ville. Je crois de la plus haute importance de ne laisser subsister ou s'élever aucune ville dans les domaines d'Abd-el-Kader.

J'ai souvent entendu faire à ce propos deux objections qui ne tiennent pas en présence des faits :

On dit : Mais pourquoi empêcher les Arabes de fonder des villes ? Une fois fixés dans les villes, ils ne vous échapperont plus. Et encore : laissez s'établir ces villes, et ces villes deviendront autant de points militaires importants que vous occuperez ensuite. J'ai avancé que cela ne tenait pas en présence des faits.

Si Abd-el-Kader essayait de détruire la vie nomade chez les tribus et de fixer celles-ci dans des villes et dans des villages, il faudrait bien se garder en effet de l'interrompre dans un semblable travail. Mais il n'a ni la possibilité ni le goût d'entreprendre rien de semblable. Loin de là, depuis qu'il est devenu un homme politique, Abd-el-Kader n'a pas dormi dans une maison. Il en fait bâtir, mais il n'y habite point. Sa tente est dressée en dehors et il affecte d'y aller coucher tous les soirs. Il sait bien en effet que la vie nomade des tribus est sa plus sûre défense contre nous. Ses sujets deviendraient les nôtres du jour où ils se fixeraient au sol. Abd-el-Kader d'ailleurs, tout en nous empruntant quelques-unes de nos idées et plusieurs de nos usages, s'offre à ses compatriotes comme le représentant et le restaurateur de leurs anciennes mœurs et de leur antique gloire et il se garde bien de froisser les préjugés jusqu'ici intraitables qui attachent les Arabes à leurs tentes et les éloignent des villes. Tous les peuples à moitié barbares ont un grand mépris pour les habitants des villes. Ce mépris est bien plus grand encore chez des barbares nomades. Les Arabes poussent ces sentiments à l'extrême. Ils n'entrent en contact avec les habitants des villes que pour faire le commerce ; ils ne s'allient guère à eux, ils ne les comptent jamais pour rien. Ils leur refusent même une origine commune à la leur et ne leur donnent pas le nom générique d'Arabes ; ils les appellent méprisamment des agads ou citadins. Cela explique pourquoi, quand nous nous emparons d'une ville, nous découvrons bientôt que nous ne tenons rien que des pierres. La population des villes n'est point liée à celle de la campagne ; elle n'exerce sur celle-là aucune influence ; elle est aussi incapable de nous servir que de nous nuire.

Cependant les Arabes ont plus besoin des villes qu'ils ne se l'imaginent eux-mêmes. Il n'y a point de société, ne fût-elle qu'à demi civilisée, qui puisse subsister sans villes. Elle peut se passer de villages, mais non point de villes. Les peuples nomades n'échappent pas plus que d'autres à cette nécessité, ils y sont même assujettis plus que d'autres, parce que la vie errante qu'ils mènent s'oppose à ce qu'ils cultivent même grossièrement les sciences et les arts qui sont indispensables à la civilisation la moins avancée. Aussi, tous les nomades du monde, à moins qu'ils ne fussent purement des sauvages, ont-ils toujours eu soit dans leur pays, soit près de leur pays, des villes où ils se rendaient de temps en temps pour vendre et pour acheter, des villes où se trouvaient des ateliers, des temples, des livres, des écoles, des oisifs et qui formaient comme autant de sources de bien-être et de lumières où souvent à leur insu ils allaient puiser. Les Arabes de la Régence ne peuvent donc pas se passer de villes ; malgré le goût passionné qu'ils montrent pour la vie errante, il leur faut quelques établissements fixes ; il est de la plus haute importance de n'en point laisser s'établir un seul parmi eux, et toutes les expéditions qui ont pour objet d'occuper ou de détruire les villes anciennes et les villes naissantes me paraissent utiles.

Des moyens à employer pour faire la guerre plus économiquement et avec moins de pertes

Je crois qu'il est à désirer que la guerre continue à être poussée vivement. Je crains qu'elle ne dure encore quelque temps. Enfin, même en la poussant de cette manière, après qu'elle sera terminée, je juge que le pays continuera à être dans un état agité et instable qui obligera à y laisser une certaine quantité de troupes, lesquelles y mèneront une vie active et fatigante. Il est donc bien nécessaire de rechercher s'il n'y aurait pas quelque moyen de rendre le séjour de l'Afrique moins meurtrier pour nos soldats et de les y faire séjourner à moins de frais. J'ai joint

Alexis de Tocqueville

ensemble l'idée de salubrité et celle d'économie, parce qu'ainsi qu'on va le voir presque tout ce qui sert à diminuer la mortalité sert en même temps à diminuer la dépense.

Quant aux moyens de diminuer la mortalité dans l'armée, il y en a plusieurs qui se comprennent au premier mot.

L'expérience prouve que ce qui est insalubre en Afrique, c'est bien moins le climat que les conditions dans lesquelles on y vit. Cela s'est bien vu à Philippeville. Pendant l'année 1840, la garnison qui était de ..., a perdu ... hommes ; tandis que sur ... habitants, il n'en est mort dans ce même espace [de temps] que 152. Ces chiffres sont d'autant plus accablants que dans la population de Philippeville se trouvent des vieillards, des femmes et des enfants, tandis que l'armée se compose d'hommes dans la force de l'âge. On ne peut *expliquer* ces tristes résultats que d'une seule manière : les habitants couchaient dans des maisons et les soldats dans des baraques de planches sous lesquelles ils étaient étouffés par la chaleur et trempés par la pluie, et où la vermine les dévorait.

Il est évident que, dans tous les lieux que nous devons occuper a poste fixe, il faut se hâter de bâtir des casernes. Il n'y en a encore presque nulle part excepté aux environs d'Alger. Philippeville et Constantine en manquent presque absolument. Cette dépense est urgente, non seulement parce qu'il s'agit de la vie des hommes, mais encore parce que pareille dépense en évite beaucoup d'autres de plus considérables. Un soldat à l'hôpital coûte 20 sous par jour et, de plus, pendant qu'il s'y trouve, on est souvent obligé d'en faire à grands frais venir un autre de France. On ne peut se figurer les sommes énormes qu'on aurait ainsi épargnées en épargnant la vie des hommes.

On a bâti depuis peu de vastes hôpitaux sur presque tous les points importants de la côte. J'en loue le gouvernement ; mais je ne puis m'empêcher de remarquer que cette dépense n'est pas seule importante ; je ne sais même si on doit la considérer comme la plus importante. Un bon hôpital fait que le soldat guérit, mais ne serait-il pas encore plus économique et plus humain de l'empêcher de tomber malade ?

Il y a une mesure sanitaire qui m'a semblé réclamée par des hommes très en état de juger. Parmi ceux-là, je citerai le général Lamoricière qu'on n'accusera pas assurément de philanthropie exagérée. Le soldat n'est pas assez nourri pour le métier qu'on lui fait faire. Le général me faisait le même argument que je faisais moi-même tout à l'heure. Il

me disait : « Augmentez la nourriture de 2 sous et vous aurez encore une économie ; car le soldat sera moins souvent malade et chaque
soldat malade vous en coûte 20. Je sais bien que l'augmentation de 2
sous s'appliquerait à tous les soldais tandis que le chiffre de 20 sous ne
s'applique aujourd'hui qu'à une partie d'entre eux. Toutefois je suis
convaincu, ajoutait-il, qu'il y aurait encore un gain considérable à agir
de cette manière. » Quand un homme qui désire autant faire la guerre
à bon marché parce qu'il la veut faire longtemps et qui tient aussi peu
à la vie de ses semblables que le général dit de ces choses, mon avis est
qu'il faut l'en croire.

Mais la question que je vais soulever a bien plus d'importance. J'y vois
l'avenir tout entier de notre conquête.

Entretenir soixante-et-dix mille hommes en Afrique dont une partie
meurt tous les ans dans les hôpitaux et qui coûtent à la France cent mil-
lions, c'est là un état de chose intolérable et qui, s'il se prolongeait, an-
nulerait notre action dans le monde et ferait bientôt abandonner l'Afrique. Il faut donc trouver un moyen de faire le même effort avec moins
d'hommes, moins de malades et moins d'argent. Le meilleur moyen
d'en arriver là, c'est la création d'une armée spéciale à l'Afrique.

Je m'explique :

Je ne crois pas qu'il y ait en Afrique un seul officier qui nie que pour
faire la guerre comme elle se fait dans ce pays, un régiment semblable
à celui des zouaves, par exemple, ne vaille au moins deux régiments
venus de France, non pas tant pour donner bataille que pour soutenir
les fatigues et les privations qui forment pour le soldat la vie de tous les
jours. On peut affirmer, je pense, que quatre mille hommes d'infanterie
munis d'une cavalerie en rapport avec leur nombre feraient aisément
tout ce que fait aujourd'hui une armée de huit mille fantassins, c'est-à-
dire parcourraient le pays en tous sens, n'ayant rien de sérieux à craindre. Je ne doute pas, pour mon compte, que trente mille hommes de
cette espèce ne fissent plus de choses que les soixante-et-dix qui sont
aujourd'hui en Algérie.

Cela se conçoit très bien : il n'y a pas de pays au monde qui ressemble
moins à l'Europe que l'Algérie. Tout y est différent dans la paix et dans
la guerre ; les moyens d'y vivre, d'y combattre, de s'y bien porter lui
sont propres. Rien dans l'éducation européenne n'a préparé pour cette espèce de guerre ni n'a été prévu pour elle. Aussi la première chose

que doit faire [le] soldat en débarquant c'est de changer ses vêtements, ses armes et d'apprendre de nouvelles règles. Toute guerre demande un apprentissage ; mais celle-là plus que toutes les autres. Il faut avoir appris à la faire non seulement pour vaincre, mais pour vivre. Il a été remarqué cent fois que là où le nouveau venu de France mourait de froid ou de faim, le soldat d'Afrique trouvait encore à manger et à se chauffer. Ajoutez à cela un climat tout différent du nôtre et qui surprend d'abord le corps et change toutes ses habitudes. Cet apprentissage de la guerre et du pays ne se fait jamais complètement par un corps qui n'est en Afrique que pour en sortir. Les soldats et les officiers qui savent qu'ils vont bientôt rentrer en France n'appliquent qu'à moitié leur intelligence à bien comprendre le métier qu'on leur fait faire ; ils n'attachent point leur cœur à la vie qu'ils mènent et ils y restent toujours assez peu propres ; enfin ils désirent presque tous en sortir, mauvaise disposition pour y bien servir.

Il faut donc avoir des régiments dont l'Afrique soit la destination unique et spéciale ; qui soient composés de soldats choisis pour ce métier et conduits par des officiers qui se seront destinés eux-mêmes à le faire. La France fournira en grand nombre des uns et des autres. En d'autres termes, il faut non seulement que les corps de l'armée française qu'on envoie en Afrique y restent longtemps ; il faut encore que l'Afrique ait son armée. Il n'y a, du reste, en cette matière qu'à étendre ce qui existe déjà. Je suis convaincu que si on suivait cette marche, on arriverait en dépensant moitié moins d'argent et trois fois moins d'hommes à quelque chose de plus considérable que ce qu'on fait aujourd'hui.

J'ai dit que de cette manière on dépensera beaucoup moins d'hommes. On a remarqué que les corps qui sont à demeure en Afrique n'ont presque point de malades comparés aux autres. Cela s'explique non seulement parce qu'y étant depuis longtemps ils sont rompus à la vie qu'on y mène, mais encore, et je serais tenté de dire surtout, parce qu'ils apportent dans ce genre de vie un esprit différent. L'ayant adopté, n'ayant plus l'idée d'en sortir, ils le suivent enfin résolument ; pour eux les agitations d'esprit, l'ennui, la nostalgie ne viennent point compliquer ni aggraver les effets du climat. L'âme soutient le corps. Tandis que le soldat qui arrive de France et qui doit bientôt y retourner ne fait aucun effort pour se réconcilier avec sa condition. L'aspect étrange et barbare de cette guerre, le frappe aussi péniblement le dernier que le premier jour.

TRAVAIL SUR L'ALGÉRIE (1841)

Quelque partisan que je sois de la création de régiments spéciaux à l'Afrique, je suis loin de croire cependant qu'il ne faille avoir en Afrique que des corps de cette espèce.

Cela donnerait lieu à plusieurs objections très graves.

Il en résulterait que quelques régiments seulement feraient toujours la guerre et apprendraient à la faire, tandis que tout le reste serait tenu loin des champs de bataille. La petite armée qui servirait en Afrique deviendrait alors très différente et fort supérieure a l'armée française en général ; on peut même dire qu'elle l'énerverait ; car elle attirerait peu à peu dans son sein tout ce que celle-ci renferme d'esprits actifs et de tempéraments guerriers. On verrait en Algérie quelques officiers avancer sans cesse tandis que la masse restée en France irait fort lentement. Cela ne se peut souffrir [1].

Il y a un autre danger auquel on ne pense point, mais qui, je l'avoue, me préoccupe fort :

On ne peut se dissimuler que l'officier qui une fois a adopté l'Afrique, et en a fait son théâtre, n'y contracte bientôt des habitudes, des façons de penser et d'agir très dangereuses partout, mais surtout dans un pays libre. Il y prend l'usage et le goût d'un gouvernement dur, violent, arbitraire et grossier. C'est là une éducation que je ne me soucie pas de généraliser et de répandre. Sous le point de vue militaire, j'admire ces hommes ; mais je confesse qu'ils me font peur et que je me demande ce que nous ferions d'un grand nombre d'hommes semblables, s'ils rentraient parmi nous. Je n'aperçois point sans une secrète crainte plusieurs de ceux qui s'élèvent de ce côté. L'Afrique est l'unique lieu où l'on entende aujourd'hui le bruit des armes.

Tous les regards s'y dirigent. Il se fait là, souvent à bon marché, des réputations qui ne portent point ombrage ; il s'y forme des hommes qui prennent dans l'imagination publique des proportions démesurées, parce qu'ils agissent seuls au milieu de l'assoupissement universel, et que seuls ils acquièrent une réputation guerrière chez un peuple qui aime la guerre et ne la fait pas. J'appréhende qu'un jour ils n'apparaissent sur le théâtre de nos affaires intérieures avec la force d'opinion qu'ils auront ainsi acquise et souvent surprise au dehors. Dieu nous garde de voir jamais la France dirigée par l'un des officiers de l'armée

1 Pourquoi non, en y réfléchissant ? Chacun avancerait suivant ses oeuvres. Ne vaut-il pas mieux d'ailleurs avoir un noyau excellent qu'une grande armée médiocre ?

Alexis de Tocqueville

d'Afrique !

Je crois donc nécessaire d'envoyer en Afrique un certain nombre de régiments qui ne font qu'y passer et rentrent en France au bout de peu d'années. Mais je pense en même temps que la manière dont cela se fait aujourd'hui est aussi contraire aux intérêts de nos finances qu'à ceux de l'humanité.

La guerre d'Afrique ne ressemble pas à nos grandes guerres d'Europe où le pays attaqué par des armées immenses est obligé d'envoyer sur le champ de bataille tous les soldats disponibles, au risque d'en perdre un grand nombre dans les hôpitaux. Si on y regardait de trop près au choix des hommes, on ne parviendrait jamais à former des corps assez nombreux. Mais il n'en est pas de même en Afrique.

En Afrique, ce qu'il faut c'est un petit nombre d'hommes choisis et l'armée française en fournira toujours suffisamment pour les besoins.

Maintenant on envoie en Afrique un régiment tout entier. Les soldats faibles comme les soldats forts ; les recrues aussi bien que ceux qui ont déjà plusieurs années de service. Qu'arrive-t-il de là invariablement ? Dans la première année tout ce qui n'était pas rompu au service, tout ce qui était faible ou malingre tombe malade et meurt. Il ne reste sous les armes que les hommes énergiques et vigoureux. N'est-il pas très dispendieux et très inhumain de laisser faire ce choix par la mort, au lieu de nous en charger nous-mêmes ?

Le bon sens et la philanthropie bien entendue indiquent clairement qu'avant d'envoyer un régiment en Afrique il faudrait lui faire passer une inspection rigoureuse. Tous les soldats faibles ou mous devraient être laissés au dépôt.

Je crois capital d'écarter également tous les soldats qui ont moins de deux ans de service. Non seulement les régiments qui vont en Afrique amènent les recrues, mais je crois que, pendant qu'ils sont en Afrique, ils se recrutent à l'aide de la levée de chaque année. Agir ainsi, je le répète, c'est envoyer volontairement et sans nécessité beaucoup de nos compatriotes à la mort ; c'est se condamner à entretenir en Afrique à très grands frais beaucoup plus d'hommes qu'il n'en faut. Ce sont les jeunes soldats qui presque toujours succombent ; non seulement parce que souvent ils ne sont pas encore complètement formés, et n'ont pu d'ailleurs s'habituer aux fatigues du service, mais surtout parce que leur esprit n'a pas eu le temps de se tremper. Sortant de leurs villages, l'aspect étrange et terrible de cette guerre frappe aisément leur imagination peu aguerrie et ils deviennent la proie de la nostalgie et des maladies dont le climat les menace. Ce sont eux, en général, qui dans les longues marches d'été tombent dans le délire et se suicident de crainte de ne pouvoir suivre les colonnes [1].

En écartant ainsi du régiment qu'on mène en Algérie tous les hommes dont je viens de parler, je sais qu'on n'arriverait qu'à former peut-être un bataillon de guerre. Mais où est le mal ? Que tous les régiments de France fassent successivement la guerre en Afrique de manière à ce que l'armée entière s'aguerrisse, voilà ce qui est utile. Ce but est aussi bien atteint lorsque chaque régiment est représenté par les hommes qui en forment l'élite, que quand il y va tout entier pour s'y faire misérablement décimer.

Une précaution nécessaire suivant moi serait encore, avant d'envoyer un régiment en Afrique, de lui faire tenir garnison pendant un ou deux ans dans le Midi de la France. La transition serait moins pénible. Je répète que dans une grande guerre européenne tant de précautions sont impossibles à prendre, mais pour la guerre d'Afrique, l'administration serait *inexcusable* de ne pas les prendre.

À quels officiers il faut confier les commandements

Ce que j'ai dit des soldats, je le dirai aussi des officiers, surtout de ceux qui dirigent les grands mouvements. Cette guerre, ainsi que chacun sait, ne ressemble à aucune autre ; tous les souvenirs de la tactique européenne n'y servent point et souvent y nuisent. Les officiers qui l'ont faite longtemps et qui sont grandis par elle doivent donc être choisis de préférence pour la conduire. Mais je vois une autre raison encore qui me semble plus puissante.

---

1 Tout le monde sait qu'en Afrique les soldats d'artillerie et de génie venus de France ne se montrent guère plus affectés des fatigues et du climat que les zouaves. D'où vient cela ? Ces hommes ont assurément des poumons et des estomacs comme les soldats de l'infanterie de ligne. La seule raison qu'on puisse donner c'est qu'en général ils sont physiquement plus forts, que d'ordinaire ils sont plus anciens dans le service et surtout que leur esprit est plus dégourdi et plus énergique. C'est à composer autant que possible tous les corps qu'on envoie en Afrique de soldats semblables qu'il faut s'attacher.

Alexis de Tocqueville

Il n'y a malheureusement guère à espérer en ce moment qu'on rencontre dans l'armée française un général qui, par sa manière d'agir en Afrique, ne se montre pas plus préoccupé de sa gloire personnelle que du désir de faire les choses les plus utiles au pays. Les officiers d'Afrique ne sont assurément pas plus exempts que les autres de cette ambition grossière et personnelle, et il faut s'attendre que les uns et les autres voudront souvent faire par la guerre des choses qu'on eût obtenues sans elle ou se jetteront inutilement dans des entreprises meurtrières pour avoir l'occasion d'y briller. Toutefois, on peut dire que l'ambition des officiers qui sont à demeure en Afrique est plus éclairée et plus contenue que celle des généraux qui arrivent de France et ne doivent passer qu'un certain temps dans le pays : premièrement ils connaissent mieux les difficultés, ce qui les rend plus lents à entreprendre ; secondement, comme ils sont à poste fixe en Algérie, ils se laissent moins aisément entraîner à des expéditions brillantes, mais qui doivent leur laisser après elles de grands embarras. En un mot, leur fortune étant jointe à celle de la conquête, ils agissent mieux, sans être plus honnêtes.

Pour résumer donc nos idées, je dirai qu'à mon avis il faudrait augmenter en Algérie dans une proportion assez considérable le nombre des corps dont la destination est d'y demeurer toujours, et que, quant aux troupes venues de France, il ne faut pas les composer de régiments transportés en entier sur la côte d'Afrique, mais de détachements choisis avec soin parmi les soldats les plus forts, les plus anciens et les plus résolus. J'ose affirmer qu'en suivant ce plan on en arrivera bientôt à faire en Algérie des choses supérieures à celles qui s'y font aujourd'hui à l'aide d'une armée et d'un budget une fois moins grands.

TRAVAIL SUR L'ALGÉRIE (1841)

II. - Colonisation

Je viens de montrer de quels moyens je comprenais qu'on pût se servir pour faire la guerre et arriver à la domination. Mais la domination, je l'ai dit également, n'est qu'un moyen d'arriver à coloniser. C'est de la colonisation que je vais maintenant m'occuper.

Faut-il entreprendre de coloniser avant que la domination ne soit établie et la guerre finie ?

On doit s'adresser une première question : faut-il entreprendre de coloniser avant que la domination ne soit établie et la guerre finie ? Je n'hésite pas un instant à répondre : oui. Nul ne peut dire quand la guerre finira. Attendre qu'elle finisse pour coloniser, c'est remettre indéfiniment la chose principale. J'ai déjà dit et je répète que, tant que nous n'aurons pas une population européenne en Algérie, nous serons campés sur la côte d'Afrique, nous n'y serons pas établis. Il faut donc faire marcher ensemble, s'il est possible, la colonisation et la guerre.

L'état de guerre, d'ailleurs, n'augmente pas les difficultés de l'entreprise autant qu'on le croirait bien. La domination sur des tribus à moitié barbares et nomades, comme celles qui nous entourent, ne saurait jamais être assez entière pour qu'une population civilisée et sédentaire puisse s'établir à côté d'elles, sans crainte et sans précaution. Le maraudage à main armée survivra pendant longtemps à la guerre. La guerre fût-elle finie, il serait donc encore nécessaire avant de coloniser d'adopter certains moyens de se mettre à couvert et au besoin de se défendre. Le genre de guerre que nous avons à craindre ne nous oblige pas à des précautions beaucoup plus grandes que celles dont la prudence nous ferait une loi si cette guerre était finie.

Enfin, si une population européenne est plus difficile à établir en Afrique pendant la guerre, cette population, une fois établie, rendrait la guerre plus facile, moins coûteuse et plus décisive en fournissant une base solide aux opérations de nos armées.

Alexis de Tocqueville

Dans quelle partie de la Régence faut-il commencer à coloniser ?

Le public français a un goût puéril pour les entreprises dont l'ensemble forme un tout régulier et complet qui satisfait l'œil. En politique comme en architecture, il ferait volontiers de fausses fenêtres plutôt que de nuire à la régularité du point de vue.

Il faut convenir que l'administration le sert à son goût. S'agit-il d'entreprendre des canaux ou des chemins de fer... elle lui présentera du premier coup des plans qui satisferont à la fois à tous les besoins présents et futurs de chacune des parties du territoire. Commencer par la chose la plus facile et la [plus] pressée lui paraîtrait absolument indigne d'elle et de lui. Le même esprit se montre dans la conduite des affaires d'Afrique. L'Algérie se compose de trois grandes provinces : donc, il faut que chacune d'elle ait son essai de colonisation, car comment se présenter devant le pays avec un plan incomplet. Mieux vaudrait ne rien faire. Partant de là, l'année passée, M. Laurence est venu dire aux Chambres que la colonisation devait être entreprise en trois endroits à la fois : dans la province de l'Ouest à Mostaganem, dans celle du Centre aux environs d'Alger, et autour de Bône dans celle de l'Est.

Quant à moi, après avoir vu les lieux, je déclare qu'à mon sens rien ne saurait être plus absurde que de vouloir quant à présent coloniser à Mostaganem. Il y a plusieurs raisons à donner pour le prouver ; elles sont, je pense, sans réplique.

Rien n'irrite et n'effraie plus les indigènes que l'introduction de cultivateurs européens ; le bon sens indique donc qu'il ne faut pas commencer l'œuvre de la colonisation dans la province où il existe déjà contre nous les sentiments les plus violents et les plus hostiles et que nous avons le plus de peine à soumettre. C'est là où il importe surtout de ne pas compliquer la question de la guerre de la question de colonisation. C'est là d'ailleurs où la colonisation serait le plus difficile, non seulement à cause de la force et de l'hostilité des tribus qui environneraient notre établissement ; mais encore à cause des difficultés naturelles au pays. Le pays qui entoure Mostaganem est, à la vérité, très fertile. Mais il est séparé par cinq jours de marche de notre principal établissement qui est Oran et l'on ne saurait traverser l'espace qui l'en sépare qu'en marchant avec une armée ; du côté de la mer, l'abord de Mostaganem est si dangereux-que, même dans les mois d'été, il est très rare qu'on

TRAVAIL SUR L'ALGÉRIE (1841)

puisse y débarquer en sécurité les hommes et les marchandises. Il est vrai qu'à peu de distance de Mostaganem se trouve un assez bon port, Arzeu. Mais Arzeu manque d'eau et l'hostilité des tribus du voisinage est si grande et si continuelle qu'on peut dire à la lettre que les Français n'y occupent que l'espace que couvre leur corps. D'ailleurs, d'Arzeu, malgré le voisinage, il est souvent impossible pendant des semaines entières d'aborder Mostaganem. Ainsi en admettant que la colonie de Mostaganem pût se défendre des attaques des Arabes, elle serait une partie de l'année sans communication avec le monde civilisé. Tout cela, disons-le, est absurde. La vérité est qu'il faut bien se garder de rien coloniser, quant à présent, dans la province de l'Ouest, excepté peut-être autour d'Oran ; le terrain y est sans doute médiocre, mais là au moins la population rurale s'appuierait immédiatement sur une ville et sur un port. Dans tout le reste de la province on doit ne songer qu'à combattre et à vaincre. Cela est déjà assez difficile. Plus tard, on verra si la colonisation peut suivre.

Reste donc les deux autres provinces.

C'est une grande et difficile question que celle de savoir si l'on doit, dès à présent, coloniser dans la province de l'Est ou de Bône. J'incline pour mon compte à croire que non : il se trouve, il est vrai, autour de Bône et de Philippeville des terrains admirablement fertiles, placés autour de villes considérables et sur des points de la côte dont l'abord, sans être facile, est cependant praticable à peu près en tous temps. De plus, la paix existe dans cette province et en particulier près des côtes, et le naturel des gens du pays s'y montre plus doux et moins incivilisé que partout ailleurs. Ce sont là de grands avantages. Il faudra tôt ou tard les utiliser. Le temps est-il arrivé de le faire ? J'en doute.

J'ai déjà dit ce qui inquiétait et irritait avec raison le plus les indigènes était de nous voir prendre et cultiver les terres. Cela n'irrite pas seulement ceux qu'on déposs ède, mais le pays tout entier. Les Arabes sont accoutumés depuis trois siècles à être gouvernés par des étrangers. Tant que nous ne nous emparons que du gouvernement, ils sont assez disposés à nous laisser faire ; mais du moment où derrière le soldat paraît le laboureur, ils jugent qu'il ne s'agit plus seulement de les conquérir mais de les déposs éder ; la querelle n'est plus de gouvernement à gouvernement, mais de race à race. Il est donc probable que la province de Bône, maintenant si tranquille, s'agiterait le jour où la charrue d'un Européen ouvrirait le sol. Cela est d'autant plus probable que, pour arriver à coloniser avec quelque étendue, il faudrait nécessairement en venir à des mesures non seulement violentes, mais visiblement iniques. Il faudrait déposséder plusieurs tribus et les transporter ailleurs, où vraisemblablement elles seraient moins bien. A ce sujet les documents fournis aux Chambres avancent des faits qui montrent ou une grande ignorance ou un impudent dessein de nous tromper. Il y est dit que la terre, appartenant presque partout au prince, celui-ci peut toujours enlever à une tribu son territoire sans que les droits des habitants paraissent violés. Il n'en est point ainsi. Il est vrai que, d'après la loi musulmane et l'ancien usage du pays [1], le sol de toute la province appartient au prince ; mais lorsque le prince usant de ce droit abstrait prend à une tribu son territoire, sans que cette tribu lui ait donné lieu par sa rébellion d'en agir ainsi à son égard, il fait un acte violent et injuste dont la conscience publique s'émeut. C'est comme si, dans le Moyen Age, le roi avait privé un seigneur de son fief sans que celui-ci eût encouru la forfaiture. Or, non seulement les tribus qu'il faudrait dépouiller ne nous ont pas fait la guerre, mais elles se sont toujours montrées nos meilleurs amis. Il serait d'autant plus impolitique de les frapper que ce fait ne serait pas isolé, il s'ajouterait comme une dernière démonstration à beaucoup d'autres qui tendent à prouver aux Arabes qu'à tout prendre, il y a moins à craindre à être contre nous que pour nous.

Nous avons fait en petit en Afrique ce que nous avons fait partout soit en petit soit en grand depuis dix ans dans le reste du monde : nous avons agi de manière que notre amitié fût toujours fatale. Presque toutes les tribus ou presque tous les hommes qui s'étaient déclarés en notre faveur ont été ou abandonnés ou frappés par nous. Le traité de la Tafna a livré à Abd-el-Kader le territoire admirable qu'occupaient les Douairs et les Smelas. Le même traité a remis entre ses mains la malheureuse petit tribu coulougli des Ben Zetoun, la seule de la Mitidja qui eût embrassé ardemment notre cause. Il l'a fait égorger tout entière sous nos yeux. Un exemple analogue dans la province de Bône ne pourrait manquer de nuire infiniment à notre réputation et d'ébranler notre pouvoir. Ne serait-il pas temps enfin de montrer, ne fût-ce qu'en un petit coin du désert, qu'on peut s'attacher à la France sans perdre sa fortune ou sa vie ?

---

1 Quelque chose d'analogue se retrouve dans tout l'Orient. Je l'ai vérifié depuis.

TRAVAIL SUR L'ALGÉRIE (1841)

Il est donc a croire que, de quelque manière qu'on s'y prit, un essai de colonisation ne causât la guerre dans la province de Bône. Un pareil événement serait un grand malheur en tout temps, mais principalement en ce moment.

Tant que la province d'Oran ne sera pas pacifiée et Abd-el-Kader détruit, il sera toujours extrêmement dangereux de soulever contre nous la province de Bône, cela s'explique de soi-même.

Mais indépendamment de cette raison, il en est une autre qui doit nous faire désirer d'éviter toute révolte et même, s'il est possible, toute agitation dans la province de Bône. Cette province est le premier endroit de l'Afrique où les tribus arabes aient réellement reconnu notre domination et se soient soumises à nous payer l'impôt et à nous obéir à peu près comme elles le faisaient du temps des Turcs. Cet état de chose n'existe que depuis trois ans. C'est une expérience décisive pour l'avenir de notre conquête. La prudence exige, ce me semble, que nous ne fassions rien pour troubler ces habitudes d'obéissance avant qu'elles se soient consolidées. Laissons notre puissance s'asseoir et se fonder sur les mœurs, seules bases solides des gouvernements en Afrique aussi bien qu'en Europe, avant de l'employer à des choses trop difficiles et trop dangereuses.

Ces réflexions me portent à croire que la colonisation des environs de Bône doit être ajournée, et qu'il faut que la France porte toutes ses ressources et tous ses soins vers la province d'Alger et aux environs de cette capitale.

Alger est le centre de notre puissance en Afrique. C'est là que nous avons le plus besoin de nous appuyer sur une grande population agricole. C'est Alger qui offre le plus de débouchés aux produits de l'agriculture, et qui par conséquent attirera le plus vite et retiendra le mieux les colons. C'est d'ailleurs vers Alger que tous les regards sont tournés. C'est là que la charrue a d'abord été mise en terre et l'œuvre de la colonisation entreprise, c'est là qu'il faut prouver que nous pouvons coloniser l'Afrique. A Alger tout le mal que la colonisation peut nous faire dans l'esprit des indigènes est produit. Car depuis dix ans les essais de colonisation ont eu lieu. Rester où nous en sommes ce n'est pas calmer l'irritation que nous avons produite, c'est seulement y ajouter le mépris que doit causer notre impuissance. A Alger comme ailleurs nous ne pouvons nous établir qu'en prenant à des tribus leur territoire, mais à Alger, du moins, nous n'avons à dépouiller que des tribus qui nous ont fait la guerre. La mesure est violente ; mais, dans les mœurs du pays, elle n'est pas injuste. J'ajoute une dernière considération : ce qui menace le plus l'avenir de nos établissements en

Afrique, ce sont les vices et les fautes de ceux qui seront chargés de les administrer, tant les militaires que les civils. Ces gens-là sont infiniment plus tenus en bride à Alger et aux environs que partout ailleurs. Le voisinage de la France et la présence d'une grande population européenne, dont au bout de quelques jours les plaintes peuvent retentir dans les journaux de la métropole, toutes ces causes tendent à mettre un certain frein à l'autorité et à la rendre plus modérée et plus raisonnable qu'elle ne l'est dans aucun autre lieu de la Régence. À Alger le gouvernement est mauvais. Mais presque partout ailleurs nous l'avons trouvé absurde ou détestable.

C'est donc à Alger qu'il faut faire le grand effort en faveur de la colonisation.

Des conditions matérielles du succès

La première condition matérielle du succès, ainsi que le bon sens l'indique, c'est de créer autour d'Alger un territoire où règne la sécurité. Le meilleur moyen d'y parvenir me paraît être à tout prendre un obstacle continu. Beaucoup d'excellents officiers m'en ont semblé très partisans. Ce que j'ai vu moi-même en Afrique me porte à croire que c'est en effet le seul mode de défense qui puisse réussir contre les Arabes, et qu'il serait plus efficace et moins coûteux de l'employer qu'on ne le suppose. Une des premières vérités qui vous frappent à votre arrivée en Algérie, c'est la difficulté ou plutôt l'impossibilité absolue qu'ont les Arabes à se rendre maîtres d'une fortification quelconque. On rencontre partout de misérables maisons qui ont soutenu des sièges en règle sans être prises. Ce qui n'arrêterait pas un seul instant une troupe européenne est imprenable pour une armée arabe. Les indigènes hésiteront, de plus, toujours beaucoup à s'introduire dans une enceinte, parce qu'ils ne seront jamais sûrs d'en pouvoir sortir, eux, leurs chevaux et leur butin.

On doit donc admettre comme premier point qu'un obstacle continu doit être élevé autour du territoire qu'on destine le premier à recevoir des colons. Quel doit être le tracé de cet ouvrage ? C'est une question que je ne suis pas en état de résoudre. Le général Berthois veut, à ce qu'il paraît, établir son fossé sur une ligne qui monterait de la mer par Coléa sur Blida, descendrait ensuite à Boufarik et viendrait enfin aboutir et s'appuyer sur l'Harrach, non loin de l'embouchure de ce fleuve.

Les avantages de ce plan sont de couvrir tout le Massif et la partie fertile de la Mitidja, celle qui s'étend du Massif en pointe vers Blida.

Ses inconvénients sont :

1° Qu'il laisse en dehors les terres les plus fertiles de la Mitidja.

2° Qu'il renferme au contraire toute la partie ou marécageuse ou infertile de cette plaine.

3° Qu'il force à conduire l'ouvrage à travers un terrain pestilentiel pour les ouvriers et qui le sera également pour ceux qui seront préposés à sa garde.

Il paraît qu'à ce plan les colons en opposent un autre qui consisterait, partant de Blida, à suivre la base de l'Atlas, jusqu'à ce qu'on rencontre l'Hamiz, lequel servirait ensuite de rempart naturel. Ce plan allongerait l'obstacle de quatre lieues, mais il lui ferait couvrir la partie la plus fertile de la Mitidja et, l'élevant au-dessus des marais et du vent du désert, n'offrirait aucun péril ni à ceux qui le feraient ni à ceux qui le garderaient. Ce plan vaudrait assurément, en lui-même, beaucoup mieux que l'autre. Cela est certain. Mais est-il sage d'envelopper dès le principe un si grand pourtour ? Ne faut-il pas d'abord se borner comme le fait le plan du gouvernement à garantir le Massif et un district à l'ouest ? Tel est l'avis du général Lamoricière, très bon juge en cette matière. Pour moi, je suis hors d'état de juger. Il faudrait avoir des lumières que je n'ai pas et être sur les lieux pour pouvoir le faire.

Assainissement de la plaine

Il y a un autre travail préparatoire presque aussi nécessaire que celui de l'enceinte, si on veut sortir du Massif et coloniser la Mitidja, c'est l'assainissement. Tous les marais qui rendent la plaine malsaine se trouvent au pied du Massif, parce que le Massif arrête les eaux qui descendent de l'Atlas vers la mer et les force de se détourner à droite et à gauche sur des terrains peu inclinés où elles se répandent et circulent lentement et difficilement. Je ne sache pas que rien ait encore été tenté pour changer cet état de chose. Si réellement on songe à peupler la Mitidja, il faut cependant s'en occuper sans retard, non pas tant peut-être afin de livrer à la culture les terrains assez médiocres que couvrent les marais, que pour rendre saines et habitables les terres très fertiles qui sont dans le voisinage.

La première de toutes les opérations nécessaires à l'œuvre de la colonisation, le bon sens l'indique, c'est de se procurer un territoire à coloniser. Jusqu'à présent, on l'a dit bien des fois, cela n'existe pas.

Consolidation de la propriété

Je suis en général fort ennemi des mesures violentes qui, d'ordinaire, me semblent aussi inefficaces qu'injustes. Mais ici, il faut bien reconnaître qu'on ne peut arriver à tirer parti du sol qui environne Alger qu'à l'aide d'une série de mesures semblables, auxquelles, par conséquent, on doit se résoudre.

La plus grande partie de la plaine de la Mitidja appartient à des tribus arabes qui, de gré ou de force, sont aujourd'hui passées du côté d'Abd-el-Kader. Il faut que l'administration devenant la maîtresse de ce territoire, il ne soit point rendu, même à la paix. Les tribus qui l'occupaient nous ont fait la guerre ; leur terre peut être confisquée d'après le droit musulman. C'est un droit rigoureux dont il faut, dans ce cas, user à la rigueur.

Quant aux terrains soit dans la Mitidja, soit dans le Massif qui n'appartiennent pas aux tribus arabes mais aux Maures, il est utile que le gouvernement les acquière presque tous soit de gré à gré, soit de force, en les payant largement. La population maure mérite des égards à cause de son caractère pacifique. Mais dans la campagne elle nous gêne sans nous être utile à rien. Elle ne peut servir de lien entre les Arabes et nous, ainsi que je l'ai expliqué précédemment, et elle forme au milieu de notre population rurale un élément réfractaire qui ne s'assimilera jamais avec le reste.

Cette dépossession des indigènes n'est point le plus difficile de l'œuvre. Les Arabes se sont déjà éloignés et les Maures sont en très petit

TRAVAIL SUR L'ALGÉRIE (1841)

nombre. Ce sont les propriétaires européens qui compliquent le plus la question.

Dans cette même plaine de la Mitidja, de très grands espaces sont non pas occupés, mais possédés par des Européens qui les ont acquis des indigènes. Il en est ainsi de presque toutes les parties encore incultes du Massif. Ces gens ne cultivent point et ne vendent point aux cultivateurs pour deux raisons : la plupart, qui sont des agioteurs en fait de terres, ne vendent point parce qu'ils pensent qu'une époque viendra où ils pourront faire de meilleures affaires que maintenant. Beaucoup sont réellement dans l'impossibilité de vendre, parce que la propriété qui est entre leurs mains est incertaine, soit parce qu'elle n'a point de limites reconnues, soit parce que le droit du vendeur est douteux. Beaucoup de terres ont été vendues à plusieurs personnes en même temps, le plus grand nombre n'est point borné et les limites en sont si mal désignées qu'on ne peut s'y reconnaître. Il n'y a pas de colon sérieux qui voulût acquérir pour s'y établir et la féconder une propriété de cette espèce. La presque totalité du sol, même aux portes d'Alger dans le Massif, est donc, ainsi que je le disais plus haut, possédée mais non occupée par nous. Cela est absolument intolérable et je ne puis concevoir qu'une administration qui viole à chaque instant et si légèrement tant de droits ait respecté aussi longtemps de pareils abus.

Il n'y a en général rien de plus dangereux dans un pays nouveau que l'usage fréquent de l'expropriation forcée. Je développerai cette idée plus loin. Je ne saurais trop me plaindre de l'abus qu'on en fait chaque jour en Algérie. Mais, dans le cas présent et dans ce désordre prodigieux de la propriété, un pareil remède ' administré une fois pour toutes en une seule dose, est nécessaire. Il faut de toute nécessité arriver à ceci : fixer à l'aide d'une procédure sommaire et d'un tribunal expéditif, établi pour cette seule occasion, la propriété et ses limites. Ayant ainsi créé un propriétaire certain et une propriété qui peut s'aliéner, déclarer que si, dans un délai qu'on indique, le possesseur reconnu ne met pas sa terre en culture, cette terre tombera dans le domaine de l'État qui s'en emparera en remboursant le prix d'achat. Ce sont là assurément des procédés violents et irréguliers, mais je défie de sortir autrement du dédale où nous sommes.

Une opération qui doit précéder toutes celles-là et qui seule permet de les bien faire, c'est le cadastre. Il est incompréhensible et impardonnable que le cadastre du Massif, c'est-à-dire d'un canton présentant à peine la surface d'un arrondissement de France, n'ait pas encore été fait. Cela seul suffirait pour peindre l'activité improductive ou malfaisante qui caractérise l'administration civile d'Alger.

Établissement des villages

Voici enfin le gouvernement maître d'une grande partie du sol par droit de conquête, soit par achat volontaire, soit par expropriation forcée. Que va-t-il en faire et comment le peupler ?

Il y a [à] ce sujet plusieurs systèmes ; mais tous s'accordent et doivent s'accorder en un point : savoir la nécessité de ne point laisser la population s'éparpiller dans la campagne et de la forcer d'habiter dans des villages que l'État fortifierait à ses frais et dont il confierait la défense à un officier de son choix. Tous, dis-je, s'accordent et doivent s'accorder sur ce point. Mais ils diffèrent sur tous les autres. J'ai entendu à ce sujet mettre en avant bien des théories.

Rien ne prouve mieux [quel la plupart d'entre elles l'espèce d'attrait irrésistible qui de notre temps et dans notre pays entraîne peu à peu l'esprit humain à détruire la vie individuelle, pour ne faire de chaque société qu'un seul être. En France, cette tendance a produit le fouriérisme et le saint-simonisme. Elle attire même a leur insu l'abbé Landmann et le général Bugeaud et tant d'autres qui ont écrit ou parlé sur la colonisation. Tous tendent à couvrir l'Algérie de véritables phalanstères soit théocratiques, soit militaires, soit économiques, en d'autres termes, tous veulent fonder de petites communautés où la propriété et la vie individuelle ne se trouvent point ou se trouvent peu, et dans lesquelles chaque citoyen travaille comme l'abeille suivant un même plan et un même but, non dans son intérêt particulier, mais dans celui de la ruche.

Il y a cependant cette différence entre le plan de M. Landmann et celui de M. Bugeaud, que le premier fait de la propriété et de la vie commune l'état permanent, tandis que, si je ne me trompe, le second n'en fait qu'un état transitoire. Les membres de sa colonie militaire qui sont d'anciens soldats commencent par cultiver en commun et suivant une direction commune, mais, au bout d'un certain nombre d'années, ils doivent, je pense, devenir propriétaires libres.

Tous ces plans peuvent réussir sur un point, dans un cas particulier et pendant un certain temps ; on a vu des choses analogues en Amérique. L'abbé Landmann persuadera peut-être à un certain nombre de familles allemandes de venir se grouper autour de lui et les tiendra unies par son zèle. Le général Bugeaud pourra peut-être trouver dans son armée assez d'anciens soldats consentants pour être en état d'en former une ou deux colonies et des officiers assez habiles pour les commander. Tout cela est possible. Mais ce qui est une pure rêverie, c'est de s'imaginer qu'à l'aide de l'une de ces méthodes exceptionnelles on parviendra à peupler le pays.

Tous ces beaux plans de sociétés manqueront de la condition première du succès : des hommes pour en faire l'épreuve.

Quant aux colonies militaires, je dirai d'abord qu'il faudrait ne les composer, d'abord au moins, que d'hommes non mariés. Ce qui est un inconvénient immense. C'est avec des familles et non des individus qu'on colonise. Je dirai ensuite que si l'on considère l'état de nos mœurs, l'aisance qui règne en France dans les classes agricoles d'où les soldats sont partis, l'amour que ceux-ci conservent presque toujours pour leur lieu natal, la haine qu'ils portent en général à l'Afrique et surtout l'horreur de la guerre, du commandement et de la discipline militaire qui fait de plus en plus le fond de leur caractère, il paraît bien déraisonnable de croire qu'on trouvera beaucoup de soldats qui, après leur service, veuillent rester en Algérie pour y cultiver la terre militairement en vue d'avantages éloignés et précaires. Vous n'en trouverez que peu ou point parmi les bons sujets surtout, et s'il vous viennent un moment, ils vous échapperont bientôt. C'est le sentiment de beaucoup d'hommes éclairés en Afrique. J'y adhère complètement. On ne fait des colonies militaires qu'à la condition d'y amener et d'y retenir de force les nouveaux habitants, c'est-à-dire qu'on ne fait de pareilles colonies que quand on peut les peupler de serfs.

Quant aux colonies religieuses ou économiques qui ont simplement pour moyen et pour but la vie et la propriété commune, je dirai à plus forte raison qu'il est déraisonnable de s'imaginer qu'un grand nombre d'hommes quitteront leur patrie et iront s'exposer aux misères ainsi qu'aux dangers de la colonisation en Algérie, pour arriver à quoi ? A n'être les maîtres ni de leurs personnes ni de leurs biens et pour trouver des limites fixes à toutes leurs espérances. Cela, je le répète, ne s'est jamais vu et ne se verra point, parce que pareilles manières d'agir sont directement contraires aux mouvements naturels du cœur humain.

Tous ces moyens artificiels et compliqués de peupler l'Afrique n'ont pu se présenter qu'à l'esprit d'hommes de théorie qui n'avaient jamais eu sous les yeux le tableau des sociétés coloniales. Ceux qui ont pu étudier pratiquement cette matière savent au contraire que, pour lutter contre les difficultés sans nombre d'un premier établissement, il ne faut rien moins que toute l'énergie des passions que la propriété individuelle fait naître ; que, dans ce premier et rude travail, il est nécessaire de laisser les mouvements du colon aussi libres, et d'ouvrir à ses espérances un champ aussi vaste que possible. Il ne faut jamais perdre de vue, ainsi que je le disais plus haut, que les colons ne sont pas des serfs, mais des hommes indépendants et mobiles qui peuvent ne pas venir ou ne pas rester, suivant leur bon plaisir ; qu'il ne s'agit donc pas de trouver a priori et la plume à la main, le système le plus propre à faire prospérer la petite société dont ils doivent faire partie, mais le moyen le plus efficace d'attirer vers elle et de retenir dans son sein, par ses passions et par ses goûts, chacun des hommes qui doivent la composer.

Les colonies de tous les peuples européens présentent le même spectacle. La part de l'individu y est partout plus grande que dans la mère patrie au lieu d'y être plus petite. Sa liberté d'action, moins restreinte. Cela doit nous servir d'enseignement.

Je sais bien qu'en cette matière, comme en toutes les autres, beaucoup dépend des circonstances. Il est clair que le pouvoir social doit se mêler de plus de choses, commander et gérer plus souvent les individus dans une colonie comme celle d'Alger que dans aucune autre colonie que je sache. Que sa part doive être grande, je ne le conteste pas. Je veux seulement qu'on ne perde point de vue qu'il ne faut lui faire faire que ce qui est nécessaire et rien de plus et que c'est sur l'action libre, passionnée et énergique de chaque homme qu'il faut principalement compter pour le succès.

Quand je cherche quelle part les circonstances particulières où se trouve notre colonie obligent de faire à l'administration, je trouve que cette part est celle-ci :

L'administration doit cadastrer avec soin le pays à coloniser, et, autant que faire se pourra, l'acquérir afin de le revendre [1] à bas prix aux colons

1 Le mieux serait de les [sic] donner moyennant l'obligation du service militaire dans

quitte de toute charge. Elle doit fixer l'emplacement des villages, les fortifier, les armer, les tracer, y faire une fontaine, une église, une école, une maison commune et pourvoir aux besoins du prêtre et du maître. Elle doit forcer chaque habitant à loger lui et son troupeau dans l'enceinte et à clore son champ. Elle doit les soumettre tous aux règles de garde et de défense que la sécurité commande ; et mettre à la tête de leur milice un officier qui maintienne dans la population quelques habitudes militaires et puisse les commander au dehors. Il faut de plus que, soit par elle-même, soit par l'intermédiaire de compagnies colonisantes, elle fournisse aux colons soit des animaux, soit des instruments, soit des vivres, afin de faciliter et d'assurer la naissance de l'établissement. Il faut surtout, et ceci est capital, que les obligations qu'elle impose soient bien définies et bien connues à l'avance. Ce qui dégoûte le plus l'habitant d'un pays nouveau c'est de ne savoir précisément sur quoi compter. Imposez si vous voulez des obligations fort étroites, mais qu'elles ne varient point suivant vos caprices. Voilà la tâche de l'administration.

Cela fait, il faut laisser le colon se placer où il le veut, cultiver comme il l'entend. Qu'il ne soit jamais soumis autant que possible qu'aux gênes et aux obligations qu'on lui impose en France et que son village lui présente s'il se peut l'image de la commune où il a vécu parmi nous.

Il faut faire un pont d'or à ceux qui vont en Afrique

On se tourmente beaucoup l'imagination pour découvrir le moyen d'attirer et de fixer des cultivateurs en Algérie. Il y en a un auquel ces grands utopistes ne pensent point et qui vaut mieux que toutes les colonies militaires ou ecclésiastiques du monde, c'est de faire qu'on s'enrichisse en cultivant ; et pour qu'on s'y enrichisse, il faut qu'on y vive à bon marché et y vende aisément et chèrement ses produits. Baissez les tarifs de manière à ce qu'on se procure à bas prix, fût-ce même des étrangers, la plupart des choses utiles ou agréables à la vie. Laissez entrer librement en France tous les produits de l'Algérie, surtout ceux qui naissent non de l'industrie indigène, mais de l'industrie coloniale. Par exemple, au lieu d'acheter le tabac qui vous manque en Amérique, achetez-le de préférence à Alger, où il croît à merveille et est excellent. L'appât du gain et de l'aisance attirera bientôt dans le Massif et dans la

---

certains cas.

Alexis de Tocqueville

Mitidja autant de colons que vous pourrez en désirer.

Je sais bien que le commerce et l'industrie de la métropole vont s'écrier qu'on les sacrifie ; que les principaux avantages d'une colonie, c'est de fournir un marché avantageux à la mère patrie et de ne point lui faire concurrence. Tout cela peut être vrai en soi, mais ne me touche point. Dans l'état où en sont les choses, ce n'est pas d'un point de vue commercial, industriel, colonial qu'il faut considérer Alger ; il faut se placer plus haut encore pour envisager cette grande question. Il y a ici en effet un grand intérêt politique qui domine tous les autres. Notre situation présente en Afrique est intolérable : elle est ruineuse pour le trésor, destructive de notre influence dans le monde et par-dessus tout précaire. C'est notre intérêt le plus pressant et, je dirai, le plus national de la faire cesser. Elle ne peut cesser que par l'arrivée d'une population européenne qui garde et assure le territoire que nous avons conquis. Il faut donc l'y amener à tout prix, dût-on pour cela nuire momentanément à nos différents producteurs. Je dis momentanément, car il est facile de voir que ce mal ne serait que passager ; quand une fois l'Algérie contiendrait une grande population française, on y rétablirait, et avec un grand avantage, les tarifs protecteurs qui maintenant sont presque inutiles à nos producteurs puisque le pays est inhabité et ne fait point de demande.

Je répéterai ici ce que j'ai dit et dirai encore bien des fois : tâchez que l'argent que vous coûte l'Algérie soit utilement employé, mais ne regardez pas à l'argent, car rien n'est plus coûteux et à la fois plus dangereux que le statu quo où nous sommes. Pour moi, je crois que si la France, en faisant comme on dit un pont d'or à ceux qui voudraient venir peupler l'Afrique, parvenait en peu d'années à y attirer une population nombreuse, elle aurait encore fait une excellente affaire, même à ne considérer que l'argent.

Des institutions sociales et politiques et du genre de gouvernement qui seraient les plus propres à produire et à assurer la colonisation

Ce n'est pas seulement en creusant des fossés, en ouvrant des ruisseaux, en élevant des murs, en concédant des terrains et en traçant des villages que nous parviendrons à attirer et à fixer en Algérie une population européenne. La tâche est plus difficile et plus haute. Je n'hésite pas à dire que, quelque effort matériel que l'on fasse pour créer à Alger une colonie peuplée et florissante, on y échouera, si on ne modifie profondément les institutions qui régissent en ce moment le pays. Montrer cette vérité est le plus important de ma tâche.

Le gouvernement de l'Algérie présente à la fois plusieurs défauts contraires qu'il est rare de rencontrer dans le même pouvoir.

Il est violent, arbitraire, tyrannique et, en même temps, il est faible et impuissant. Il est facile de voir la cause de ce phénomène.

Le gouvernement est arbitraire et tyrannique, parce que rien ne garantit les citoyens contre les entreprises des différents agents de l'autorité ; et il est faible et impuissant parce qu'il n'existe pas dans la colonie un pouvoir central qui, forçant tous ces différents agents de concourir en même temps à l'exécution des mêmes desseins, produise une action sociale vigoureuse et continue.

Il est urgent de rendre l'administration tout à la fois *plus forte* et *mieux contenue,* si on veut que les Européens, habitués à rencontrer l'un et l'autre de ces caractères dans l'autorité qui dirige leurs métropoles, viennent à Alger et s'y fixent.

J'ai indiqué ce qui fait que le gouvernement de l'Algérie est faible et impuissant. Je reviens sur le détail de cette idée.

Cette faiblesse et cette impuissance tiennent à deux causes : la première est le défaut de centralisation à Alger. On ne saurait rien imaginer de plus misérablement anarchique que le gouvernement civil d'Alger. Chaque chef de service est indépendant dans sa sphère et, comme l'exécution de presque tous les projets demande le concours simultané de chacun d'eux, ce concours ne pouvant être obtenu, rien ne s'entreprend à temps ni ne se termine. Il est vrai qu'au-dessus de tous les chefs de service se trouve le gouverneur, qui a le droit de les forcer tous à la fois à l'obéissance. Mais ce gouverneur est un général qui n'a point de notions claires et pratiques en fait d'administration civile ; qui d'ailleurs est fort préoccupé d'entreprises de guerre-, qui le plus souvent même agit au loin à la tête des armées. Un pareil homme, quel qu'il soit, est peu propre à concevoir des plans d'administration et, lors même que l'idée s'en présenterait à son esprit, son ignorance des détails, ses préoccupations militaires et son éloignement le rendraient presque toujours incapable

de faire descendre ses idées dans la pratique et d'obtenir des différents chefs de service de 'travailler assidûment et de concert à leur réalisation.

Il faut donc que l'administration civile ait à Alger une tête ; qu'il y ait un homme chargé de faire concourir tous les agents divers de cette administration à l'exécution soit de ses projets, soit de ceux du gouverneur général.

Je sais qu'ici les difficultés d'exécution sont très grandes. Il parait difficile à bien des gens, dans l'état actuel des choses, de ne point confier la direction supérieure des affaires en Afrique à un général. La conduite de la guerre tient, dit-on, en ce moment une si grande place dans le gouvernement de la colonie que confier ce gouvernement à un fonctionnaire civil, c'est vouloir ou que les choses de guerre soient mal conduites s'il prétend les diriger, ou que celui qui en son nom les dirige soit le véritable gouverneur, ou enfin que des conflits incessants s'élèvent. La destruction d'Abd-el-Kader ne changerait pas beaucoup cette situation, ajoute-t-on, car les moyens à l'aide desquels on gouverne même en paix des tribus arabes, ressemblent beaucoup aux procédés de la guerre. Ils en demandent la connaissance et l'habitude. On en conclut qu'il faudra pendant longtemps un gouverneur militaire. Mais d'autre part quel est l'homme de valeur qui consentira à diriger l'administration civile sous un chef militaire et dans une colonie où tout le pouvoir effectif et toute la considération est dans les mains de l'armée ? Il est à croire que l'on ne parviendra à trouver pour cette place importante que des hommes très médiocres et n'offrant aucune garantie réelle de capacité et même de moralité : ou, si on obtient qu'un homme capable et ayant du poids dans le pays se charge de cet emploi, il se révoltera bientôt contre le rôle insignifiant que l'autorité militaire lui laisse et l'anarchie se représentera sous une autre forme. C'est là, suivant moi, la difficulté la plus grande que présente toute la question d'Alger.

J'examinerai plus loin, plus en détail, la grande question de savoir s'il faut confier le gouvernement général de l'Algérie à un fonctionnaire civil ou à un militaire. Tout ce que je veux remarquer à présent, c'est qu'il importe de centraliser d'une *manière réelle et efficace* l'administration réelle de la colonie dans les mains d'un fonctionnaire, soit que ce fonctionnaire soit le gouverneur lui-même, soit qu'il soit placé immédiatement au-dessous de lui.

La première cause de faiblesse et d'impuissance pour notre gouvernement colonial était le défaut de centralisation à Alger. La seconde est la centralisation absurde qui existe pour les mêmes affaires à Paris.

En vain établirait-on en Afrique un pouvoir central dont tous les agents de l'administration civile dépendraient, si, pour chaque détail, le représentant de cette autorité était obligé de prendre les ordres de l'autorité souveraine résidant à Paris. Il y a entre les attributions du pouvoir central et celles de l'autorité coloniale un départ que la raison indique : toutes les mesures qui ont un caractère législatif ou politique, les règlements généraux, surtout ceux qui se résument en dispositions pénales, en un mot, tout ce qui influe d'une manière générale et permanente sur l'état des biens et des personnes ne doit être réglé que de l'aveu et avec la permission du gouvernement. Parce que ces mesures ont une grande importance, parce que leur nécessité ou leur opportunité peuvent être aussi bien et souvent mieux appréciées à Paris qu'à Alger ; parce qu'il n'est presque jamais si urgent de les prendre, qu'un délai de quelques semaines soit préjudiciable, enfin parce qu'il est très nécessaire en cette matière de ne pas innover légèrement ni souvent, même pour mieux faire, la mobilité étant la maladie la plus naturelle et la plus dangereuse à laquelle les sociétés qui commencent soient sujettes.

Au contraire, tout ce qui n'est qu'application des règles générales, détails d'administration, choix des agents subalternes, doit être abandonné au pouvoir qui régit la colonie. La centralisation sur ce point est, à mon sens, mauvaise, même en France et aux environs de Paris, mais elle devient plus dangereuse à mesure qu'on s'éloigne du centre et elle finit par tout arrêter et tout désorganiser en voulant tout conduire, lorsqu'elle s'exerce dans un pays différent de la France, placé loin d'elle et dont les besoins administratifs presque toujours pressants ne sont bien connus que par ceux qui les ressentent.

Voilà assurément ce qui doit être. Voyons ce qui est :

Il arrive tous les jours que le gouverneur de l'Algérie prenne de lui-même et relativement à la population européenne de la Régence des arrêtés qui peuvent être considérés comme de véritables lois générales puisqu'ils modifient profondément l'état de chose existant et réagissent en même temps sur la position de tous ceux qui habitent le pays.

L'arrêté ministériel du... qui a posé la limite des pouvoirs du gouverneur, lui a permis d'en sortir *en cas d'urgence,* sauf à en référer plus tard au ministre. Or, cette déclaration d'urgence est devenue avec le temps ce que les notaires appellent une clause de forme. On la trouve à la tête de chaque arrêté des gouverneurs qui, de cette manière, sont par le fait à peu près investis du pouvoir législatif et d'un pouvoir législatif sans garantie ni contrepoids, car rien n'a été prépare pour qu'ils puissent l'exercer sans péril. Il n'y a à côté des gouverneurs aucun conseil qui puisse les éclairer et les contenir dans ce travail si étranger à leurs habitudes, rien qui ressemble à ce qu'est le Conseil d'État vis-à-vis du roi on a compté qu'on dirigerait le gouverneur de Paris cette garantie manquant, il ne reste rien que l'arbitraire d'un soldat improvisant des institutions civiles.

Dans l'administration proprement dite, au contraire, les gouverneurs ne peuvent presque rien. Tous les fonds coloniaux sont centralisés à Paris et il faut des formalités infinies pour pouvoir disposer de la moindre somme ; ainsi des terres ; ainsi des moindres détails des services. Il faut que tous les dossiers passent et repassent par les bureaux du ministre. La correspondance absorbe tout le temps des employés. Le directeur des finances auquel je demandais pourquoi on n'avait point encore fait cadastrer le Massif répondait que son temps et celui de ses commis suffisaient à peine à la besogne courante. Dans la seule année 1839 il avait écrit pour sa part 9.000 lettres au ministre. On a vu souvent et on voit encore sans cesse des colons arriver et, au bout de plusieurs mois, repartir ou mourir de faim parce que les formalités nécessaires pour leur assigner un coin de terre et le leur livrer ne sont pas remplies. Il faut être français pour comprendre et supporter des absurdités de cette espèce.

Ainsi, il y a tout à la fois trop peu et trop de centralisation. Le gouverneur est libre du côté où il faudrait le restreindre. Il est enchaîné du côté où il faudrait qu'il fût libre. On peut dire de lui avec plus de raison que du roi qu'il gouverne, mais qu'il n'administre pas, ce qui est assurément le rebours du bon sens.

Cet état de chose ne peut durer, je le dis avec la plus entière conviction, sans rendre la colonisation presque impraticable. Il faut donner un chef à l'administration qui doit surveiller et créer cette société nouvelle, et il faut donner à ce chef une indépendance raisonnable des bureaux de Paris. Il faut lui remettre pour tout le détail administratif une partie des pouvoirs qu'à présent le ministre se réserve.

Voilà ce qu'il faut faire pour le pouvoir. Voyons ce qui manque aux citoyens.

TRAVAIL SUR L'ALGÉRIE (1841)

Garanties à donner aux citoyens

Il y a en matière de colonisation une idée très simple et très claire qu'il ne faut pas perdre de vue. De notre temps et dans la portion de l'Europe que nous habitons on ne peut s'emparer d'une population et la transporter à sa volonté d'un lieu à un autre. Il faut lui donner le goût de venir [1]. Ce n'est pas une chose aisée que de suggérer à des Européens le désir de quitter leur patrie, parce qu'en général ils y sont heureux et y jouissent de certains droits et de certains biens qui leur sont chers. A plus forte raison est-il difficile de les attirer dans un pays où dès l'abord on rencontre un climat brûlant et insalubre et un ennemi formidable qui tourne sans cesse autour de vous pour enlever vos propriétés ou votre vie. Pour faire venir des habitants dans un pareil pays, il faut d'abord leur donner de grandes chances d'y faire fortune ; il faut secondement qu'ils y rencontrent un état de société conforme à leurs habitudes et à leurs goûts. Car, si aux maux inséparables qui naissent du pays se joignaient les malheurs et les gênes d'un mauvais gouvernement, personne ne viendrait ou ne resterait.

Or, voyons si le colon qui aborde en Algérie y trouve aucune des garanties de sécurité et de liberté qui se rencontrent plus ou moins dans tous les pays d'Europe et que ceux qui les habitent sont accoutumés à considérer comme le plus grand charme de leur vie et leur principal besoin.

Dans son pays, le Français prend part au gouvernement des affaires générales soit directement par l'élection soit indirectement par la liberté de la presse. Les lois sont faites par des pouvoirs qu'il a créés ou qu'il surveille. Les règlements généraux et les principaux actes de la puissance exécutive émanent du Conseil d'État, grand corps qui, placé en dehors de l'administration active, la dirige et la réprime. Quant aux affaires locales, les plus importantes sont conduites par des assemblées à la nomination desquelles les citoyens concourent. Le Français dans

---

1 Il ne s'agit pas ici de vaincre un obstacle naturel pour lequel il ne faut au gouvernement que de bons ingénieurs et de l'argent, ou bien encore de faire agir un certain nombre d'hommes unis forcément entre eux et à leur chef par les liens de la discipline militaire. L'œuvre est bien autrement délicate. C'est ce qu'on a sans cesse l'air d'oublier. Il semble, à entendre ceux qui parlent tous les jours de l'organisation de l'Algérie, qu'on possède les hommes en toute propriété et qu'il n'y a plus que de les ranger à côté les uns des autres dans le plus bel ordre. Tous ces grands fondateurs de colonies feraient bien rire un Américain ou un Anglais.

Alexis de Tocqueville

son pays ne peut être arrêté que sur un mandat qu'un magistrat indépendant décerne. Il est mis en prévention par un tribunal également indépendant, en accusation par un autre, jugé enfin par ses concitoyens réunis en jury. Sa propriété est parfaitement garantie. L'État ne saurait s'en emparer qu'en la payant d'avance et à l'aide de formalités dont on ne saurait se dispenser. Dans ses contestations avec le gouvernement, il a pour juge, ou des magistrats inamovibles, ou du moins une grande assemblée que sa position rend indépendante.

Voilà ce qu'il laisse en France. Considérons ce qu'il rencontre en Algérie :

La tribune, la liberté de la presse, le jury, le droit électoral n'existent point en Afrique. Ces choses, il faut le reconnaître, ne sauraient, quant à présent, y exister. Mais on n'y voit même pas la trace d'une institution qui se rencontre même dans les monarchies les plus absolues d'Europe et dont je ne sache pas qu'aucune colonie d'aucune nation ait été jamais complètement dépourvue. Je veux parler de ces corps soit élus soit nommés dont la fonction est de diriger les affaires purement locales ou du moins d'éclairer de leurs avis ceux qui les dirigent. Il n'y a en Afrique rien qui ressemble à une assemblée coloniale. On avait dans le principe créé à Alger un conseil municipal dont les membres étaient choisis par l'autorité. Cette ombre de municipalité a encore paru gênante au pouvoir qui dirige les affaires d'Afrique. On l'a fait disparaître. Bien mieux, en centralisant à Paris dans une caisse commune les recettes locales ainsi que l'emploi de cet argent, on a détruit jusqu'au principe même de la vie municipale. A l'heure qu'il est, il n'y a pas un colon en Algérie qui sache si la commune qu'il habite a des revenus, quels sont ces revenus et à quoi on les applique. Il n'y en a pas un qui prenne la part la plus éloignée et la plus indirecte à la police de son village, à l'établissement ou à la réparation de son église, de son école, de son presbytère, de sa fontaine ; toutes ces grandes affaires sont réglées à Paris. Ceci est prodigieusement absurde. Tous les peuples colonisateurs depuis les Grecs et les Romains jusqu'aux Anglais se sont efforcés de rendre dans les pays qu'ils allaient peupler la vie municipale très indépendante et très active, soit à cause de l'impossibilité où ils sentaient être de diriger dans le détail de petites sociétés placées loin de la métropole dans des situations fort différentes, soit à cause du besoin qu'ils éprouvaient de créer à leurs colons une nouvelle patrie et de les lier entre eux en leur confiant la direction commune de leurs intérêts communs.

TRAVAIL SUR L'ALGÉRIE (1841)

Quant à la haute administration et aux règlements généraux qui intéressent la fortune, et souvent la liberté et la vie de chacun d'entre eux, les colons ne possèdent aucune garantie, ni celles que nous avons en France, ni aucune autre, ainsi que je l'ai fait voir précédemment. Parmi ces règlements, les uns sortent tout faits du ministère de la Guerre, sans avoir été soumis au Conseil d'État. Les autres sont improvisés à Alger par le gouverneur général et ce qu'on appelle le conseil du gouverneur à Alger n'est composé que de chefs de services qui, absorbés chacun dans leurs travaux spéciaux, ont aussi peu de vues d'ensemble que d'indépendance. Il résulte de là non seulement de mauvaises mesures, mais un changement perpétuel de mesures, ce qui est pire.

Dans le détail des actes, l'administration d'Alger n'est pas plus irréprochable.

On comprend tout d'abord les abus qui peuvent naître de la direction militaire qui est donnée à cette administration. Cet inconvénient frappe plus de loin que de près. Le pouvoir militaire prend sans doute de temps à autre une mesure d'une violence fort brutale. Mais cela n'arrive pas tous les jours. Je suis convaincu qu'à tout prendre à Alger le pouvoir le plus oppressif et le plus malfaisant est le pouvoir civil. Ce n'est pas qu'il se permette de grands actes de tyrannie. Mais il se montre partout et sans cesse, réglant, dirigeant, modifiant, touchant et retouchant chaque jour toutes choses. On comprendra sans peine la gêne et le malaise social qu'il fait naître, si l'on se figure notre administration française avec tous les instincts dominateurs, inquisiteurs, tracassiers, qu'elle a reçus de l'Empire et les habitudes paperassières que la Restauration a achevé de lui donner, agissant dans un pays où l'on ne peut en appeler contre elle ni à l'opinion publique, ni aux tribunaux civils, ni aux cours criminelles, ni même aux tribunaux administratifs.

A ces vices des institutions, se joignent les vices des hommes. L'administration civile d'Alger est en général mal composée. Cela vient de ce qu'on a voulu placer la une foule de créatures qu'on n'osait point pourvoir d'emploi au grand jour de la publicité de France. Elle est d'ailleurs beaucoup trop nombreuse par rapport à l'étendue du pays et au nombre des habitants. On a créé en Algérie plusieurs services publics qui supposent une société complète et avancée, mais qui ne trouvent que très laborieusement à quoi s'appliquer dans cette société petite et nouvelle.

En général, comptez sur ceci :

Alexis de Tocqueville

Toutes les fois qu'il s'agit de l'administration, Alger est aux yeux du Gouvernement un pays essentiellement semblable à la France et dans lequel il faut introduire tous nos fonctionnaires et tous nos usages administratifs. S'agit-il au contraire des citoyens, la colonie forme une société toute exceptionnelle ou aucune des libertés et aucun des droits dont on jouit dans la mère patrie ne saurait sans danger être concédés. Alger regorge donc de fonctionnaires et chacun d'eux ne pouvant étendre son pouvoir sur beaucoup d'administrés se plaît à le faire sentir à tout moment de quelque manière à chacun d'entre eux. Cette fureur d'agir à tout propos dans les moindres détails, de fourrer la main partout et de remuer tous les jours de nouveau les choses et les hommes naît encore d'une autre cause : à Alger l'administration civile est dans une position fausse et humiliante. Le pouvoir militaire d'une part, la centralisation de Paris de l'autre l'oppriment et l'éclipsent : elle cherche dans le maniement perpétuel des petites affaires à retrouver une partie de l'importance qu'elle devrait avoir dans les grandes.

Alger est donc un pays où l'on n'a aucune des grandes garanties et des grandes libertés dont on jouit en Europe, mais où en revanche on retrouve toutes les gênes commerciales, financières, administratives, qu'on a laissées dans sa patrie, augmentées de beaucoup d'autres qu'on ne connaissait pas.

On peut dire avec justice qu'en Algérie la première de toutes les libertés civiles, la liberté individuelle n'est pas assurée. Non seulement elle n'y obtient pas les garanties qu'elle a en France ; elle ne possède même pas celles qu'on lui donne dans la plupart des monarchies absolues du continent. Les choses y sont arrangées de manière que presque tout le cours de la justice criminelle est dans les mains du ministère public. C'est le procureur général et non le juge d'instruction qui fait arrêter et détenir les prévenus. Il fait durer la procédure autant qu'il veut, la suspend indéfiniment s'il lui plaît, ou en précipite le cours. C'est lui seul et non la chambre du conseil ou la chambre des mises en accusation qui préjuge s'il y a indice suffisant pour infliger aux prévenus l'éclat d'un procès. C'est lui qui, tenant toujours dans ses mains le sort des juges, pèse un poids immense sur leur arrêt. On peut dire également qu'il domine jusqu'à la défense, car en Algérie la profession d'avocat n'existe pas. Les avocats sont remplacés par des *défenseurs,* espèce de fonctionnaires publics qui sont en très petit nombre et que le pouvoir a toujours dans sa main. Ainsi non seulement le Français qui va en Afrique perd la garantie du jury et de l'inamovibilité des juges qu'il était difficile de lui conserver, mais encore plusieurs autres garanties très importantes et que rien n'obligeait à lui refuser. Il est arrêté sans mandat, détenu sans recours, traduit sans l'enquête préalable de la chambre du conseil et de la chambre des mises en accusation, jugé par un petit nombre d'hommes dépendants et défendu par des avocats qui ne sont pas libres. Si, enfin, il échappe à toutes ces embûches, le gouverneur général peut, suivant son caprice, le faire saisir, l'embarquer de force et l'expulser dans les vingt-quatre heures de la colonie.

Il y a un autre droit moins précieux en lui-même, mais plus cher peutêtre à des hommes qui ont quitté leur patrie pour faire fortune : le droit de propriété, qui est encore moins assuré. Il est menacé et atteint sans cesse de plusieurs manières : d'abord par l'autorité militaire qui, de temps à autre, s'empare, pour les besoins du service, soit des animaux, soit des récoltes. J'en ai vu plusieurs exemples durant mon séjour à Alger. L'armée agit ainsi non seulement par insouciance et mépris des droits, mais encore, il faut bien le dire, par goût. Une des choses qui frappe le plus celui qui arrive en Afrique, c'est de voir les sentiments envieux et hostiles du soldat contre le colon. Je l'ai déjà remarqué, je ne saurais trop le redire. Ce point mérite l'attention toute particulière du Gouvernement. Là se trouve un des principaux obstacles à la colonisation. Car ces sentiments de haine et de jalousie ne sont pas seulement dans le cœur des officiers, ils remplissent celui des généraux ; on s'aperçoit que tous, plus ou moins, voient avec une secrète irritation les colons s'enrichir et saisissent volontiers les occasions de diminuer leurs profits ou de ruiner leurs entreprises. Le gouvernement de pareils maîtres est toujours dangereux pour la propriété ; toutefois je répéterai ici, comme plus haut, qu'à tout prendre l'autorité civile me semble encore plus à redouter que le pouvoir militaire.

Ce qui menace en effet tous les jours la propriété, c'est, d'une part, l'usage immodéré que fait l'administration civile de l'expropriation forcée et la manière dont elle l'opère ; de l'autre, le peu de garanties judiciaires dont le droit de propriété est environné.

L'expropriation en Algérie se conclut avec une rapidité sauvage : le gouverneur déclare l'utilité publique ; dans les vingt-quatre heures, l'administration se saisit de l'immeuble sans indemnité préalable. Durant ces vingt-quatre heures, le propriétaire est tenu de nommer un expert qui conjointement avec celui de l'administration estime la valeur de l'immeuble. Si le propriétaire ne peut ou ne veut faire choix d'un expert, le tribunal en désigne un pour lui. De cette manière un homme qui quitterait Alger pour aller passer huit jours à Toulon pourrait à son retour trouver sa maison rasée. Il y a mieux, pour certains immeubles, ceux dont on s'empare afin de faire des chemins, aucune indemnité n'est due. L'arrêté de 1834 qui sert de loi en fait d'expropriation forcée a soin de le dire formellement ; il y a plus encore : si l'administration consent à payer un jour les immeubles dont elle s'empare, elle se réserve du moins le droit de ne point rembourser le capital, mais seulement de payer la rente. J'en ai vu plusieurs exemples pendant le peu de temps que j'ai été à Alger, entre autres celui-ci : la maison d'un Français convenait au directeur de l'Intérieur pour placer ses bureaux. Il fit déclarer l'utilité publique ; mais il ne consentait à payer qu'une rente. Le propriétaire était un pauvre homme qui avait fait de mauvaises affaires à Alger, sa femme venait d'y mourir, il voulait quitter l'Afrique pour retourner en France. Une rente en Algérie n'était point son affaire ; il souhaitait remporter avec lui son petit capital. Mais l'administration tenait bon et probablement le pauvre diable aura été obligé de passer par où on voulait. Il est facile de comprendre pourquoi les administrateurs en Afrique préfèrent payer des immeubles expropriés avec des rentes au lieu de capitaux. L'inscription d'une rente s'aperçoit à peine au budget de la colonie et, de cette manière, on peut faire beaucoup d'expropriations sans paraître trop prendre dans le trésor public.

Ce n'est pas seulement la loi d'expropriation qui est redoutable, c'est surtout l'usage qu'on en fait tous les jours. C'est surtout en cette matière que se déploie l'activité malfaisante de l'administration d'Afrique. On ne saurait concevoir ni dire avec quelle légèreté coupable le gouvernement d'Alger use tous les jours du pouvoir exorbitant qu'il possède de déposséder les citoyens. Ses plans changent sans cesse et chacun de ces changements se résume en expropriation forcée aussitôt exécutée que connue, de telle sorte qu'il n'y a pas un propriétaire dans les villes ou aux environs qui puisse considérer, je ne dis pas comme sûr, mais même comme probable la conservation de son jardin ou de sa demeure. J'ai vu de mes propres yeux à Philippeville de grandes et belles maisons nouvellement bâties qu'on faisait abattre bien qu'elles eussent été élevées sur un alignement donné par l'administration, parce que depuis il avait plu à celle-ci de changer de projets. J'ai entendu se plaindre des mêmes abus de pouvoir dans toutes les provinces. Pendant que j'étais à Alger, le général B. conçut la pensée de donner les terres qui avoisinent les camps à cultiver aux soldats. L'idée n'était pas mauvaise, mais le bon sens indique qu'il ne fallait l'appliquer qu'aux terrains encore incultes qui environnent les camps un peu éloignés. Au lieu de cela, on entreprit aussitôt de l'appliquer aux champs qui sont aux portes d'Alger, c'est-à-dire à une masse considérable de propriétés déjà occupées et en grande valeur. J'ai vu l'arrêté qui ordonnait l'expropriation de ces champs. Est-il possible, je le demande, d'imaginer une mesure plus brutale, plus absurde et plus dangereuse, que celle qui consiste à exproprier des colons déjà établis afin d'essayer à leurs dépens un nouveau système de colonisation ?

J'ai dit que le droit de propriété n'était pas encore entouré en Algérie des garanties judiciaires qu'on est accoutumé à lui voir en Europe. Il n'y a guère plus en effet de justice civile à Alger que de justice criminelle.

Au lieu d'importer simplement dans la colonie les usages et les lois judiciaires de France, on les a modifiés de mille manières ; de telle sorte qu'au milieu de cette confusion causée par le mélange de la législation française et des arrêtés coloniaux, la jurisprudence flotte incertaine et les juges prononcent à peu près au hasard. C'est ce que la plupart d'entre eux m'ont avoué. Cette introduction d'un système nouveau de justice est une grande faute en admettant même que les innovations fussent bonnes, car il n'y a rien à quoi les Européens tiennent plus en s'expatriant qu'à retrouver dans le pays nouveau les usages judiciaires dont ils ont contracté l'habitude dans la métropole. Je dirai, de plus, qu'à mon sens, plusieurs de ces innovations sont, en elles-mêmes, fort malheureuses. Je citerai l'unité de juge. C'est une grande question parmi les publicistes que celle de savoir si, au lieu d'avoir des tribunaux composés d'un grand nombre de magistrats, il ne vaut pas mieux s'en remettre à un seul homme sur lequel toute la responsabilité pèserait. C'est ainsi que l'ont pensé les Anglais et ils s'en trouvent bien. Mais, en Angleterre, ces hommes qu'on charge de prononcer seuls sur le sort des plaideurs sont en très petit nombre, ils occupent une des plus grandes positions de L'État et sont pourvus de traitements énormes, de telle sorte qu'on peut les choisir parmi les plus grands légistes et avocats du pays et qu'ils offrent toute espèce de garantie aux justiciables. De plus, dans la plupart des cas, ils ne prononcent que sur le droit, le fait étant établi par un jury. C'est imiter bien maladroitement les Anglais que de leur emprunter l'unité du juge lorsque ce juge unique doit être un petit fonctionnaire obscur tiré des parties infimes de la magistrature ou du barreau et qu'on l'arme tout à la fois du droit d'établir le fait et de juger le droit. Ces juges uniques qui remplacent en Afrique nos tribunaux de première instance m'ont paru inspirer une grande défiance à la population. Et je ne puis m'empêcher d'ajouter que cette défiance me semble assez fondée.

Si, du moins, cette justice nouvelle et exceptionnelle qu'on a imaginé de créer dans la colonie restait, comme la nôtre, soumise à l'inspection et à l'examen de la Cour de Cassation, les erreurs ou les vices des juges se trouveraient contenus dans de certaines limites. Mais l'ordonnance royale de... 1841, que le ministre de la Guerre a effrontément proclamée un progrès, a détruit le recours en matière civile, enlevant ainsi d'un seul coup aux colons la première de toutes les garanties judiciaires que le Français possède.

Cet acte de violence a été amené en partie par le désir de soustraire à la Cour de Cassation la vue d'un abus plus grand que tous les autres. Je veux parler de l'extension illimitée de la justice administrative.

En Algérie c'est le gouverneur général qui juge souverainement les conflits, de même que le roi le fait en France. On comprend sans peine que sa tendance, que rien ne combat, est d'attirer sans cesse tous les procès dans le contentieux administratif. Il trouve pour le faire en Algérie mille facilités que le roi n'aurait pas en France. Presque toutes les propriétés en Afrique émanent soit du Beylik que le gouvernement représente, soit du gouvernement lui-même qui a vendu ou cédé les terres. De plus, L'État étant en Afrique le grand producteur et le grand consommateur, il est partie dans presque toutes les transactions. Il y a donc peu de procès qui ne puissent donner lieu à interprétation administrative et qu'il ne soit aisé d'attirer devant le conseil du gouvernement. Or, je l'ai dit, ce conseil du gouvernement n'est point composé, comme la section du contentieux au Conseil d'État, d'administrateurs non fonctionnaires actifs. Il est formé de chefs de services qu'on peut dans la plupart des cas considérer tout à la fois comme juges et parties. Ici la fiction qui fait considérer en France la justice administrative comme une sorte de tiers désintéressé entre les citoyens et L'État, cette fiction même a disparu pour ne laisser voir que l'administration prononçant dans sa propre cause et annulant peu à peu la justice civile pour se

TRAVAIL SUR L'ALGÉRIE (1841)

substituer en sa place.

Je viens de peindre un état de société bien mauvais, je n'ai pas dit son plus grand vice : c'est qu'il peut changer et change en effet tous les jours. Non seulement les colons ne trouvent point en Algérie les institutions tutélaires qui existent dans leur patrie, mais ils ignorent absolument quelles sont les institutions qu'ils auront demain. Aucune partie de la société française d'Algérie ne repose sur la loi. L'ordonnance royale elle-même ne règle que quelques matières : plusieurs des plus importantes ne sont régies que par des arrêtés ministériels qui peuvent dans l'ombre d'un bureau et suivant [le] caprice d'un commis être modifiés chaque jour. L'acte en vertu [du]quel le gouverneur général possède ses pouvoirs et qui lui permet de faire des règlements généraux, d'infliger des peines, de créer des impôts, d'improviser des services, de chasser qui il lui plaît de la colonie, cet acte qui lui donne de si exorbitants pouvoirs est un arrêté ministériel. Ainsi, non seulement la mobilité est dans l'administration, elle est dans la législation même. Les fondements mêmes de la société ne reposent sur rien de solide et sont en effet renversés sans cesse. Cela est un grand mal, même dans les vieilles sociétés, et cependant les mœurs, les traditions, les usages tiennent lieu des lois ; un pareil état de chose est absolument intolérable dans une société qui naît et dont les éléments naturellement mouvants auraient particulièrement besoin d'être tenus fermes et immobiles.

La vérité est qu'il n'existe pas encore en Afrique ce que les Européens entendent par une société. Les hommes y sont, mais non le corps social. Pour moi, je le déclare en toute conscience et après un mûr examen, si j'étais condamné à vivre sur la côte d'Afrique, j'aimerais mieux aller habiter la Régence de Tunis que celle d'Alger. Je ne suis pas surpris du petit nombre de colons qui viennent en Algérie, je m'étonne qu'aucun puisse y venir et y rester. Cela ne peut s'expliquer que par l'ignorance ou la misère.

Alexis de Tocqueville

III. - Réformes nécessaires

Des modifications à apporter dans la législation

J'ai déjà dit en son lieu ce qu'on pourrait faire pour occuper le pays avec une armée moins nombreuse, moins chère et en perdant beaucoup moins d'hommes.

J'ai dit également quelles étaient, suivant moi, les conditions matériel-les du succès, quant à la colonisation.

J'ai montré que remplir ces conditions ne suffisait pas encore parce que la législation du pays n'offre encore aucune des garanties quant à la conservation des avantages matériels que le gouvernement pourrait promettre. Ces avantages, quelque importants qu'ils fussent, ne par-viendraient point à attirer rapidement ni à retenir une grande popula-tion européenne sur la côte d'Afrique.

Il me reste à indiquer quels changements il serait nécessaire de faire subir à cette législation.

Quelles que soient les institutions qu'on établira en Algérie, la premiè-re de toutes les nécessités, c'est de faire qu'elles soient bien connues à l'avance et qu'on puisse compter sur leur durée, l'obscurité et l'instabi-lité de la loi étant la pire de toutes les misères sociales.

Pour en arriver là, il n'y a qu'un moyen, c'est d'établir sur la loi ou, tout au moins, sur l'ordonnance royale les fondements de la société colo-niale.

Il n'y aura jamais rien de stable en Algérie jusqu'à ce que le pouvoir législatif ait tracé lui-même d'une manière générale la forme et la limite des différents pouvoirs qui doivent régir la colonie. La loi elle-même est fort mobile en France, mais toutefois l'expérience a appris que ce qui reposait sur elle était infiniment plus solide que tout le reste. Pour-quoi les Chambres seraient-elles tenues à l'écart d'une question aussi grande et d'une importance si vitale ? Pourquoi ne poseraient-elles pas elles-mêmes les bornes entre lesquelles ensuite l'ordonnance royale et l'arrêté ministériel pourraient se mouvoir ? Je ne vois pas une seule bonne raison à donner pour empêcher qu'il n'en soit ainsi. La société française d'Afrique doit être tenue dans une condition exceptionnelle, dit-on. D'accord. Mais encore est-il nécessaire d'indiquer à l'avance et d'une manière permanente en quoi l'exception doit consister et où se continue la règle. Quelle difficulté enfin y aurait-il à faire établir par la loi ce que les ordonnances *organiques,* celles relatives à la création et à la division des pouvoirs, ont fondé. N'est-il pas insensé de faire régler par un simple arrêté les pouvoirs du gouverneur général ?

Cette marche ne serait pas seulement utile en ce qu'elle assoirait le gouvernement de la colonie sur une assiette solide, mais encore en ce qu'elle prouverait aux étrangers et aux colons eux-mêmes que la France est décidément engagée dans la question de possession et de colonisation de l'Afrique [1].

Dans cette constitution de la société coloniale, la loi ne peut intervenir que par un petit nombre de prescriptions d'une nature très générale.

Ces points établis, il y en a encore de très importants quoique moindres qui seront abandonnés soit à l'ordonnance royale, soit à l'arrêté ministériel. J'ai déjà remarqué qu'aujourd'hui le gouverneur général, soit en faisant usage de ses pouvoirs, soit en se servant du prétexte de l'urgence pour les étendre, fait de véritables lois administratives, fiscales et même pénales. Ce sont là évidemment des droits régaliens dont il faut laisser l'exercice aux grands pouvoirs nationaux. Je ne m'oppose point à ce qu'on laisse subsister le *cas d'urgence.* Cela est nécessaire, mais au lieu de dire, ce qui ne signifie rien, que l'arrêté pris en cas d'urgence doit être ratifié par le Gouvernement, il faut fixer un délai au-delà duquel cet arrêté est de nul effet, et non de plein droit, s'il n'est pas ratifié.

Quant aux détails de l'administration, je les centraliserais presque tous à Alger.

J'en arriverais ainsi a ce que j'ai déjà indiqué plus haut : je diminuerais les pouvoirs gouvernementaux du gouverneur général et j'accroîtrais ses pouvoirs administratifs. Son administration en deviendrait plus régulière et plus forte, moins arbitraire et plus efficace. Les droits des citoyens seraient mieux assurés et la puissance publique plus grande.

Après la question de savoir quelle part il convient de faire au gouvernement central dans l'administration de la colonie, la plus importante est de savoir quel sera le représentant du gouvernement central. En cette matière, l'état de chose actuel est absolument intolérable. Livrer le gou-

---

1 C'est en partie pour cela qu'on ne veut point le faire et qu'on ne le fera pas.

Alexis de Tocqueville

vernement civil de l'Afrique aux bureaux du ministère de la Guerre c'est vouloir d'une part que les choses soient mal conduites et de l'autre que personne ne soit responsable de cette mauvaise conduite.

Il est évident que les hommes les moins propres à organiser et même à bien concevoir une société civile et une société civile coloniale sont des commis du ministère de la Guerre. Il y a antipathie naturelle entre les idées préconçues et les habitudes acquises par ces hommes et la tâche qu'on leur impose.

De plus, personne n'est responsable de leurs fautes. Quelque grande que soit l'affaire d'Alger, elle ne forme qu'un détail dans l'immense ensemble du ministère de la Guerre et qui pis est un détail étranger au reste, de telle sorte qu'un maréchal peut être excellent ministre de la Guerre et ne rien entendre du tout à cette partie. Non seulement cela est possible, mais cela est connu par les Chambres et presque avoué par le ministre lui-même, ce qui ôte toute réalité à sa responsabilité. Il serait à désirer que l'Algérie, à laquelle on pourrait adjoindre les colonies, formât un ministère à part. Mais si, durant l'état de guerre actuel, on juge impossible de distraire absolument les affaires d'Afrique du ministère de la Guerre, au moins est-il urgent de créer à ce ministère, pour l'Afrique, un sous-secrétaire d'État, dont l'unique affaire serait de gouverner la colonie et qui répondrait sérieusement devant les Chambres de la manière dont elle serait gouvernée. Il faut que l'administration d'Alger soit représentée par un homme politique auquel on puisse s'adresser sans cesse. Mais avant tout et par-dessus tout, il est urgent de chasser M. Laurence dont l'indignité est notoire.

Je crois qu'il faut centraliser à Paris le *gouvernement* de l'Algérie dans les mains d'un fonctionnaire responsable. Je crois de même qu'il est nécessaire de centraliser *l'administration* à Alger dans les mains d'un seul fonctionnaire chargé d'imprimer une impulsion commune à tous les chefs de services.

Ce fonctionnaire sera-t-il le gouverneur ? En d'autres termes peut-on charger de la direction générale de nos affaires en Afrique un fonctionnaire civil ?

J'ai été longtemps d'un avis contraire. Mais la réflexion me ramène chaque jour, de plus en plus, à croire que la création d'un gouverneur civil est non seulement une chose possible, mais désirable.

TRAVAIL SUR L'ALGÉRIE (1841)

Je suis fermement convaincu que, tant que la direction générale sera confiée à un militaire, l'œuvre de la colonisation qui est notre grande affaire ne se fera pas ou se fera mal ; soit parce que le gouverneur n'aura pas les connaissances ni les goûts propres à le faire réussir dans une pareille entreprise, soit parce qu'il n'aura pas le temps de s'en occuper. La guerre sera toujours, quoi qu'on fasse, sa grande préoccupation. Vouloir donner à une administration civile la place qui lui convient sous un chef militaire me paraît essayer une œuvre presque impossible.

Un gouverneur militaire ne mènera jamais bien le gouvernement civil. Maintenant est-il vrai qu'un gouverneur civil ne puisse (surtout après la destruction d'Abd-el-Kader, si elle doit avoir lieu) diriger d'une manière générale et surveiller les affaires militaires ?

Si vous faites de votre gouverneur civil un fonctionnaire du second ordre, une espèce de préfet que ses habitudes et sa position écartent des vues d'ensemble et des grandes considérations politiques, je le conçois. Mais si vous faites du gouvernement d'Alger une des plus grandes places de L'État et que vous confiez ce gouvernement à l'un de vos principaux hommes politiques, croit-on qu'un pareil homme ne sera pas en état de juger quand et comment il faut faire la guerre, bien qu'il ne connaisse pas les détails du métier, et qu'il ne pourra pas servir de centre aux généraux qui commanderont les troupes. Dupleix qui a été sur le point de conquérir l'Inde à la France n'était pas un général. Les gouverneurs de l'Inde anglaise qui par une suite non interrompue de guerres heureuses ont fini par acquérir dans cette partie du monde un empire immense, étaient presque tous étrangers à la carrière des armes ; pour faire la guerre il faut être général, mais pour savoir dans quelle circonstance il convient de la faire, cela n'est pas nécessaire et peut même nuire. Un gouverneur militaire peut vouloir faire la guerre pour lui, un gouverneur civil ne la fera jamais que pour la colonie.

En cette matière, du reste, il faut se laisser guider par les circonstances. S'il se rencontrait un général qui eût le génie du gouvernement civil, assurément on devrait se hâter de le mettre à la tête de nos affaires en Afrique. Mais c'est là un accident sur lequel il n'est pas permis de compter.

Je prévois que cette création d'un gouvernement civil rencontrera dans le gouvernement et peut-être même dans l'opinion publique de très grands obstacles. En tout cas, si on laisse la direction générale des affaires dans les mains d'un militaire, il faut du moins concentrer l'ad-

Alexis de Tocqueville

ministration civile dans les mains d'un fonctionnaire qui, placé à la tête de tous les services, leur imprimerait à tous une impulsion commune et continue. Cela est urgent et ne saurait se remettre.

Il y a une création qui n'est pas moins pressante. C'est celle d'un conseil de gouvernement composé autrement que celui qui existe et pourvu d'attributions plus étendues.

L'administration civile se compose de deux choses de la décision des affaires proprement dites qui sont des cas particuliers, de l'indication de règles générales qui obligent soit les fonctionnaires, soit les citoyens. Ces règles sont à vrai dire des quasi-lois et c'est par ce côté que le pouvoir législatif et la puissance administrative se touchent et souvent se confondent. J'ai dit que les plus importantes de ces règles, relativement à l'Algérie, devaient émaner de l'administration centrale et non du gouverneur de la colonie, quelques-unes du pouvoir royal, d'autres des Chambres. Mais il est incontestable que le plus grand nombre d'entre elles est de la compétence de l'autorité coloniale.

Dans tous les pays du monde, à côté du pouvoir exécutif sont placés des corps chargés de juger de l'utilité de ces règlements et d'en préparer ou d'en surveiller la rédaction. C'est l'une des grandes fonctions du Conseil d'État en France. Quelque chose d'analogue est particulièrement nécessaire dans un pays où l'administration civile est confiée à un pouvoir militaire. Aussi a-t-on placé auprès du gouverneur général un conseil dont il doit prendre l'avis dans certains cas. Mais ce conseil est composé en totalité de chefs de services. Il en résulte qu'il ne présente aucune garantie. Chacun de ces fonctionnaires absorbé dans le soin des affaires courantes n'a ni le temps ni la disposition d'esprit voulus pour juger sainement les mesures générales.

Il est urgent de placer à côté de ce pouvoir militaire auquel on confie le droit de promulguer de véritables lois civiles un conseil qui puisse réellement en cette matière le guider et le contenir, c'est-à-dire qui soit composé d'hommes non pourvus de fonctions actives et indépendants. Il ne faut pas sans doute que le gouverneur tombe dans la dépendance de ce conseil, mais dans les matières où il doit prendre l'avis de ce conseil, s'il se trouve en dissidence avec lui, il ne faut pas lui permettre simplement de passer outre, mais soumettre le cas au pouvoir central.

Si un conseil de cette espèce est nécessaire pour préparer les règlements d'administration publique, à plus forte raison est-il nécessaire de le composer ainsi puisqu'il est destiné à exercer les attributions de la justice administrative. En France, au premier degré même de cette justice, ceux qui doivent juger ne font pas partie de l'administration active. Les conseils de préfecture, qui manquent de tant de garanties, possèdent du moins celle-là. Elle manque à Alger et j'ai montré comment elle était mille fois plus nécessaire là qu'en France, parce que le cercle de la justice administrative y était naturellement beaucoup plus étendu et l'abus qu'on pouvait faire de cette prétendue justice bien plus aisé.

Garanties à accorder aux citoyens

C'est ainsi que je crois qu'il conviendrait de constituer le pouvoir. Quant aux garanties de différente nature qu'il serait bon d'accorder aux citoyens, voici également ce que je pense :

Je trouve que l'on s'exagère infiniment la nécessité où l'on est en Afrique de faire quelque chose de très différent de ce qui existe en France. Les fonctionnaires qu'on a envoyés en Algérie ont beaucoup dit qu'il fallait les armer de pouvoirs très exceptionnels parce que cela leur était très commode et qu'ils trouvaient fort doux de respirer en dehors de notre incommode légalité. Le public en France qui, au fond, a un certain goût naturel pour les procédés violents et sommaires quand il n'en souffre pas lui-même, s'est hâté de les croire sur parole. On a fini ainsi par conclure que la règle était qu'on fît différemment en Afrique qu'en France ; l'exception, c'est qu'on fasse de même. Ou plutôt, comme je l'ai dit précédemment, l'Algérie est tombée dans le droit commun toutes les fois qu'il s'est agi des pouvoirs de l'administration, elle n'en est sortie que pour tout ce qui regardait les garanties que nos lois accordent aux citoyens.

Je crois que ce sont là des notions très fausses et des manières d'agir très déraisonnables.

J'ai déjà dit plusieurs fois, et je veux encore le redire, ce qui importe le plus quand on veut créer et développer rapidement une colonie, c'est de faire que ceux qui arrivent dans son sein soient aussi peu dépaysés que possible et qu'ils y rencontrent, s'il se peut, une image parfaite de la patrie. Tous les peuples colonisateurs ont ainsi agi. Les mille colonies fondées par les Grecs sur les rivages de la Méditerranée ont toutes été des copies très exactes des cités dont elles étaient sorties. Les Romains ont fondé sur presque tous les points du monde connu de leur temps des municipalités qui n'étaient autres que des Romes en miniature. Chez les modernes, les Anglais ont toujours fait de même.

Qui nous empêche d'imiter ces exemples en Afrique ?

Ce qui persuade aux gens de bonne foi que tout doit être fort différent en Algérie qu'en France, ce sont, si je ne me trompe, ces deux raisons-ci :

1° La population de la colonie étant composée d'Arabes et d'Européens, de musulmans et de chrétiens, on ne saurait la conduire de la même manière que nos sociétés homogènes.

2° Dans les circonstances dangereuses où se trouve la colonie, entourée comme elle l'est d'ennemis en armes et avec lesquels il faut tous les jours faire la guerre, il est nécessaire d'armer le gouvernement de pouvoirs exceptionnels et extraordinaires dont il peut se passer chez nous.

La première objection ne saurait être faite que par des gens qui n'ont pas été en Afrique. Ceux qui y ont été savent que la société musulmane et la société chrétienne n'ont malheureusement aucun lien, qu'elles forment deux corps juxtaposés, mais complètement séparés. Ils savent que tous les jours cet état de chose tend à s'accroître par des causes contre lesquelles on ne peut rien. L'élément arabe s'isole de plus en plus et peu à peu se dissout. La population musulmane tend sans cesse à décroître, tandis que la population chrétienne se développe sans cesse. La fusion de ces deux populations est une chimère qu'on ne rêve que quand on n'a pas été sur les lieux. Il peut donc et il doit donc y avoir deux législations très distinctes en Afrique parce qu'il s'y trouve deux sociétés très séparées. Rien n'empêche *absolument,* quand il s'agit des Européens, de les traiter comme s'ils étaient seuls, les règles qu'on fait pour eux ne devant jamais s'appliquer qu'à eux.

Quant à l'autre objection tirée des dangers intérieurs que pourrait courir la colonie si le gouvernement n'était pas armé de pouvoirs très exceptionnels et très arbitraires, je la trouve puérile. Nous avons en Afrique quatre fois plus de soldats que de colons. Ceux-ci sont placés entre le yatagan des Arabes et la mer de telle façon qu'ils sentent à chaque instant le besoin de soutenir le pouvoir qui les défend et de l'aider. L'on ne me persuadera pas que, pour tenir dans l'ordre une population de cette espèce, il faille joindre à 80.000 combattants un gouvernement civil violent, irrégulier et arbitraire. Cela, je le répète, est puéril.

Il ne faut donc pas dire : l'organisation sociale en Afrique doit être exceptionnelle, sauf quelques ressemblances, mais au contraire : les choses doivent être menées en Afrique comme en France, sauf quelques exceptions. Car j'admets bien qu'il en faut. Cette seule différence dans le point de départ amènerait bientôt une prodigieuse différence dans les faits.

Quelles sont donc les exceptions que je crois nécessaires ? Je l'ai déjà dit, je ne crois pas, quant à présent, qu'on puisse introduire en Afrique nos grandes institutions politiques : le système électoral, la liberté de la presse, le jury. Ces institutions ne sont pas nécessaires à la petite enfance des sociétés. En revanche, il y a certaines libertés qu'on n'accorde pas en France et qu'on pourrait sans inconvénient accorder en Afrique. Je citerai par exemple la liberté d'enseignement [1]. N'est-il pas insensé, tandis qu'on ne parle que de la nécessité de faire en Afrique des choses exceptionnelles, d'y transporter les privilèges de l'Université de France ? N'est-ce pas pousser d'un côté le goût de l'assimilation jusqu'à la rage tandis qu'on se livre si immodérément d'un autre au goût du nouveau ? S'il y a un lieu sur la terre où il soit nécessaire de laisser l'éducation libre, c'est assurément l'Algérie où les besoins en cette matière sont si variés, si mobiles, et peuvent être si différents de ceux qu'on ressent en France.

Quoi qu'il en soit, on peut dire d'une manière générale que toutes les libertés politiques doivent être suspendues en Algérie. Mais, pour presque tout le reste, je soutiens qu'il n'y a que des avantages et point d'inconvénient à reproduire fidèlement en Afrique ce qui existe parmi nous.

Les colons réclament depuis longtemps la création d'un corps quelconque qui puisse être leur organe auprès du gouvernement. Une ordonnance a défendu à tout fonctionnaire civil ou militaire d'acquérir des biens en Afrique. Il en résulte que tous les fonctionnaires de la colonie sont pris hors de son sein, que durant le temps qu'ils y demeurent, ils n'y contractent aucun des intérêts ni des idées des habitants et qu'en général ils ne font qu'y passer. Les colons disent avec assez de raison qu'une administration ainsi composée ne peut connaître que très imparfaitement leurs besoins. Ils voudraient que l'on créât une sorte de conseil colonial formé d'un certain nombre d'entre eux, non élus, mais

---

1 On pourrait en trouver plusieurs autres exemples.

Alexis de Tocqueville

choisis par le gouverneur, et qui serait admis dans certaines circonstances à émettre des vœux ; quelque chose d'analogue à ce que sont en France les conseils des manufactures et du commerce. Il paraît que le maréchal Valée au moment où on l'a rappelé s'occupait d'organiser cette sorte de représentation indirecte. Il est très à désirer que ce plan soit repris. L'existence de ce conseil calmerait beaucoup de craintes exagérées et dissiperait beaucoup de préjugés qui, de part et d'autre, créent aujourd'hui un sourd mais continuel antagonisme entre l'administration et la population qu'elle doit régir.

Mais ce qui est bien autrement urgent, ce qui est capital et ne saurait se remettre, c'est la création ou plutôt la reconstruction d'un pouvoir municipal. Toutes les colonies ont commencé par être des communes ; c'est à l'esprit communal qu'elles ont dû presque toutes leur naissance ou leur développement dans les temps anciens, comme dans les nôtres. On a vu que dans ces dernières années le gouvernement avait détruit en Afrique la représentation de ce pouvoir en détruisant le corps municipal d'Alger et en avait fait disparaître en quelque sorte jusqu'à la matière en centralisant à Paris les ressources communales. C'est là un détestable état de chose qu'il faut se hâter de changer. Je ne verrais, pour ma part, que peu d'inconvénients à faire élire les conseillers municipaux (non le maire) par la population elle-même. Mais j'admets que les éléments de cette population sont encore trop peu homogènes pour qu'une élection n'ait pas d'inconvénient. N'ayez donc pas de corps municipaux élus. Mais ayez-en au moins de choisis et remettez à ces corps dont vous n'avez rien à craindre, puisqu'ils émanent de vous et dépendent de vous, le soin de faire l'emploi des ressources de la commune. Hâtez-vous d'attacher les habitants à ce sol nouveau en leur créant des intérêts collectifs et une action commune. Ce sont ces intérêts et ces actions qui manquent et sans lesquels on n'a jamais créé de sociétés. C'est une erreur de croire que les attributions municipales doivent être moindres en Algérie qu'en France. Elles doivent au contraire être plus grandes. Une puissance municipale active est tout à la fois plus nécessaire et moins dangereuse là qu'ailleurs : plus nécessaire parce qu'il faut y créer une vie sociale qui n'y existe pas encore ; moins dangereuse parce qu'il n'est pas à craindre que la liberté municipale y dégénère en licence politique. Les circonstances dans lesquelles se trouve l'Algérie, le petit nombre des colons, leur isolement, la force de l'armée, la prédominance inévitable de l'esprit et du gouvernement militaires y donneront toujours une force irrésistible au pouvoir.

On veut sans cesse confondre deux idées qui sont très distinctes : le gouvernement militaire de chaque localité et son administration civile. Qu'il faille astreindre le colon de l'Algérie à certaines habitudes militaires ; l'obliger d'habiter derrière des murs, de s'y garder, de s'y défendre, ou même d'en sortir dans certains cas pour se joindre à l'armée entière, cela est évident. Qu'il y ait dans chaque village un délégué du pouvoir militaire chargé de veiller à ce que ces obligations soient remplies, rien de mieux. Mais il n'en résulte pas que l'administration de la propriété communale, le soin des travaux publics et la police intérieure de la cité soient dans ses mains. Ce sont choses distinctes de leur nature et qui peuvent et doivent rester séparées.

Enfin, si plusieurs des plus grandes et des plus précieuses libertés dont on jouit en France ne peuvent point être accordées aux colons de l'Algérie, du moins n'y a-t-il, je le soutiens, aucune raison passable à donner pour les priver des deux grandes libertés civiles qui se rencontrent jusque dans les monarchies les plus absolues, et sans lesquelles un pays n'est pas habitable aux yeux d'un Européen. Je veux parler de la liberté d'user de sa personne et de son bien.

La liberté des personnes n'est pas assurée parce que le gouverneur peut d'un mot arracher en un instant un homme à ses intérêts, à sa famille et l'expulser sans forme de procès hors du territoire.

Elle ne l'est pas parce que le pouvoir judiciaire est tellement constitué et la procédure criminelle de telle nature qu'il n'est personne qui ne puisse être arrêté, détenu et jugé suivant le bon plaisir d'autorités qui n'offrent aucune garantie.

La propriété est toujours en péril par l'abus et le mode de l'expropriation forcée pour cause d'utilité publique, par les réquisitions, par la juridiction illimitée et la nature des tribunaux administratifs, par l'absence d'une véritable justice civile.

Ces maux bien connus, les remèdes s'offrent naturellement à la pensée.

Il faut sinon abroger au moins limiter le droit formidable accordé au gouverneur d'expulser qui bon lui semble de la colonie. Il y a deux moyens pour cela :

1° L'obliger à motiver son arrêté d'expulsion et à le faire insérer au *Moniteur de France* ;

Alexis de Tocqueville

2° En faire cesser les effets si dans un délai indiqué un arrêté ministériel n'est pas venu légaliser cette mesure de haute police.

Établir par une loi ou tout au moins par une ordonnance royale des formes d'expropriation moins rapides et moins sauvages que celles qui sont usitées en Algérie. Imposer l'obligation de payer un véritable prix pour l'immeuble. Environner la *déclaration d'utilité publique* de certaines formalités qui empêchent qu'elle ne soit aussi légèrement faite qu'elle l'est aujourd'hui. Imposer au droit de requérir les hommes et les animaux pour le service de l'armée de certaines limites qui en rendent l'exercice très rare. J'ai entendu faire à ce sujet à des officiers de beaucoup d'esprit des raisonnements fort sots. Ils disaient que le premier intérêt des colons étant de défendre leur territoire, il était bien extraordinaire qu'ils se refusassent à aider l'armée dans cette défense. Qui ne voit qu'on vient se fixer dans une colonie pour s'enrichir et non pour faire la guerre et que personne ne viendra si on sait d'avance qu'à chaque instant on est exposé à voir prendre ses bœufs, ses chevaux et ses récoltes pour le service de l'armée. Si l'armée veut continuer à user de ces ressources elle aura bientôt à défendre un territoire désert. D'autres disent que c'est une grande économie pour le trésor de prendre les ressources qui sont sur place au lieu de les faire venir de loin. Raisonnement absurde : car ce que la France puisse faire de plus coûteux, assurément c'est de conserver sa colonie vide et d'empêcher qu'elle ne se remplisse. Ce sont là autant d'arguments de sauvages qui sacrifient l'avenir au présent.

Mais ce qu'il faut avant tout pour donner à la liberté et à la propriété des hommes les garanties qu'on est en droit de demander du gouvernement dans tout pays civilisé, c'est d'établir une véritable justice au lieu du simulacre qui existe en Afrique en ce moment.

J'ai examiné de très près cette question et je déclare que je n'aperçois pas une seule raison puissante qui doive nous empêcher de transporter, à très peu d'exceptions près, tout notre système judiciaire en Afrique ; je ne verrais pour ma part aucune difficulté à rendre en Algérie les magistrats inamovibles., pourvu toutefois qu'on les choisît autrement qu'on a fait jusqu'ici pour la plupart d'entre eux. Cependant avant qu'on n'ait pu bien juger l'effet que produirait notre système judiciaire, je comprends qu'on n'accorde pas l'inamovibilité aux juges. Je conçois également qu'on ne transporte pas en Afrique plusieurs détails évidemment défectueux de notre procédure civile. Mais à cela près il est urgent de fonder en Afrique nos tribunaux tels qu'ils sont constitués en France, purement et simplement : c'est-à-dire des tribunaux de première instance et une cour royale. Le bien que produiraient les changements introduits dans leur constitution n'équivaudrait pas au mal qui résulterait de donner une face nouvelle et extraordinaire à la justice. Il est urgent d'ôter au procureur général les pouvoirs extraordinaires qui lui sont concédés ; de rendre les juges sinon inamovibles au moins sédentaires, de permettre les recours en cassation de la même manière qu'en France, enfin et surtout d'introduire les formes protectrices de notre code d'instruction criminelle ; personne dans le monde n'a jamais prétendu que ces formes fussent trop favorables à la liberté des accusés. On leur a fait avec justice, surtout dans ce qui a rapport à l'arrestation et à la détention préventive, le reproche contraire. Pourquoi, de peu libérales qu'elles sont déjà, les rendre sauvages ?

Je répète que toutes ces choses peuvent se faire sans inconvénient et sans danger.

Presque tous les procès civils ont lieu entre Européens. C'est là que s'exerce l'action principale de la justice. Quant aux procès entre les indigènes ou entre indigènes et Européens, ce sont des cas exceptionnels pour lesquels on a déjà établi une procédure exceptionnelle qu'on peut sans inconvénient conserver.

La plupart des procès criminels sont également dirigés contre des Européens. Dans le cas où ce sont des indigènes, si l'on croit que nos formes soient trop lentes (ce que je ne crois pas), on peut établir pour eux des conseils de guerre. Ceci est d'un intérêt secondaire, les Arabes qui vivent avec nous sont en petit nombre et peu redoutables. Mais ce qui n'est pas secondaire, c'est de donner à l'Européen qu'on invite à venir en Afrique toutes les garanties judiciaires, tant au civil qu'au criminel, qu'il est habitué à regarder comme une nécessité de la vie civilisée. Après avoir constitué la justice civile, il faut s'occuper sans retard à donner des limites précises à la justice administrative. Il faut surtout se hâter de donner au tribunal administratif une constitution qui donne des garanties à la propriété. A l'heure qu'il est, ainsi que je l'ai montré, elle n'en a point. Et c'est toujours non seulement l'administration, mais encore le fonctionnaire intéressé qui prononce dans sa propre cause.

En résumé, je crois que l'œuvre de la colonisation rapide d'une partie de l'Algérie par la France n'est pas une oeuvre impraticable. Les plus grands obstacles sont moins dans le pays, qu'en nous-mêmes. Changeons de méthode et nous changerons de fortune. Mais à la manière dont nous nous y sommes pris et dont nous continuons à nous y prendre, je soutiens que nous ne parviendrions pas à coloniser la plaine Saint-Denis, si elle manquait encore d'habitants.

RAPPORT DES TRAVAUX PARLEMENTAIRE DE TOCQUEVILLE SUR L'ALGÉRIE (1847).

Extraits du premier rapport des travaux parlementaires de Tocqueville sur l'Algérie en 1847

Objet et plan du rapport

Messieurs, contrairement à ses usages, la Chambre a composé, cette année, la commission des crédits extraordinaires d'Afrique de dix-huit membres au lieu de neuf. En prenant une mesure aussi exceptionnelle, elle a, sans doute, voulu manifester une pensée dont votre commission a dû rechercher avec empressement le vrai sens.

Jamais notre domination en Afrique n'a semblé menacée de moins de dangers qu'en ce moment. La soumission dans la plus grande partie du pays, succédant à une guerre habilement et glorieusement conduite ; des relations amicales ou paisibles avec les princes musulmans nos voisins ; Abd-el-Kader réduit à se livrer à des actes de barbarie, qui attestent de son impuissance plus encore que de sa cruauté ; la Kabylie disposée à reconnaître notre empire ; l'instigateur de la dernière insurrection réduit à se remettre entre nos mains, et venant faire appel à notre générosité, après avoir vainement essayé de résister à notre force, tel est le spectacle qu'offrent aujourd'hui nos affaires.

Ce n'est donc pas dans la vue de conjurer des périls que la Chambre a voulu provoquer, cette année, un examen plus solennel de la question d'Afrique. On peut dire, au contraire, que c'est le succès de nos armes et la paix qui en a été la suite, qui créent aujourd'hui à ses yeux un état nouveau et appellent des résolutions nouvelles.

La longue guerre qui a promené nos drapeaux dans toutes les parties de l'ancienne Régence, et nous a montré les peuples indigènes dans toutes les situations et sous tous les jours, ne nous a pas seulement fait conquérir des territoires, elle nous a fait acquérir des notions entièrement neuves ou plus exactes sur le pays et sur ceux qui l'habitent. On ne peut étudier les peuples barbares que les armes à la main. Nous avons vaincu les Arabes avant de les connaître. C'est la victoire qui, établissant des rapports nécessaires et nombreux entre eux et nous, nous a fait pé-

Alexis de Tocqueville

nétrer dans leurs usages, dans leurs idées, dans leurs croyances, et nous a enfin livré le secret de les gouverner. Les progrès que nous avons faits en ce sens sont de nature à surprendre. Aujourd'hui, on peut le dire, la société indigène n'a plus pour nous de voile. L'armée n'a pas montré moins d'intelligence et de perspicacité, quand il s'est agi d'étudier le peuple conquis, qu'elle n'avait fait voir de brillant courage, de patiente et de tranquille énergie en le soumettant à nos armes. Non seulement nous sommes arrivés, grâce à elle, à nous mettre au courant des idées régnantes parmi les Arabes, à nous rendre bien compte des faits généraux qui influent chez eux sur l'esprit public et y amènent les grands événements, mais nous sommes descendus jusqu'aux détails des faits secondaires. Nous avons donné et reconnu les divers éléments dont la population indigène se compose ; l'histoire des différentes tribus nous est presque aussi bien connue qu'à elles-mêmes ; nous possédons la biographie exacte de toutes les familles puissantes ; nous savons enfin où sont toutes les véritables influences. Pour la première fois, nous pouvons donc rechercher et dire, en parfaite connaissance de cause, quelles sont les limites vraies et naturelles de notre domination en Afrique, quel doit y être pendant longtemps l'état normal de nos forces, à l'aide de quels instruments et de quelle manière il convient d'administrer les peuples qui y vivent, ce qu'il faut espérer d'eux, et ce qu'il est sage d'en craindre.

À mesure que nous connaissons mieux le pays et les indigènes, l'utilité et même la nécessité d'établir une population européenne sur le sol de l'Afrique nous apparaissent plus évidentes.

Déjà, d'ailleurs, nous n'avons plus, en cette matière, de choix à faire ni de résolution à prendre.

La population européenne est venue ; la société civilisée et chrétienne est fondée. Il ne s'agit plus que de savoir sous quelles lois elle doit vivre et ce qu'il faut faire pour hâter son développement.

Le moment est également venu d'étudier de plus près, et plus en détail qu'on n'a pu le faire jusqu'à présent, ce grand côté de la question d'Afrique. Tout nous y convie : l'expérience déjà acquise des vices de l'état de choses actuel, la connaissance plus grande que nous avons du pays et de ses besoins, la paix qui permet de se livrer, sans préoccupation, à une telle étude, et qui la rend facile et fructueuse.

Notre domination sur les indigènes, ses limites, ses moyens, ses prin-

RAPPORT DES TRAVAUX PARLEMENTAIRE (1847).

cipes.

L'administration des Européens, ses formes, ses règles.

La colonisation, son emplacement, ses conditions, ses procédés.

Tels sont donc les trois grands problèmes que soulèvent les deux projets de lois qui vous sont soumis, et dont la Chambre veut qu'on cherche en ce moment la solution devant elle.

Nous allons traiter dans le présent rapport toutes les questions qui se rattachent directement à la domination du pays conquis, et à l'administration des Européens qui l'habitent.

Nous examinerons toutes les questions de colonisation dans le rapport sur la loi des camps agricoles.

Première Partie
DOMINATION ET GOUVERNEMENT DES INDIGÈNES

La domination que nous exerçons dans le territoire de l'ancienne Régence d'Alger est-elle utile à la France ?

Plusieurs membres de votre commission ont vivement soutenu la négative.

La majorité, Messieurs, tout en respectant comme elles méritent de l'être, les convictions anciennes et très sincères qui faisaient parler les honorables membres, et en constatant leur opinion, n'a pas cru qu'il fût nécessaire d'agiter de nouveau devant vous des questions si souvent débattues et depuis longtemps tranchées.

Nous admettrons donc, comme une vérité démontrée, que notre domination en Afrique doit être fermement maintenue. Nous nous bornerons à rechercher ce qu'est aujourd'hui cette domination, quelles sont ses limites véritables et ce qu'il s'agit de faire pour l'affermir.

Distribution de la population indigène sur le sol. Aspect général qu'elle présente au point de vue de notre domination

Au point de vue de notre domination, la population indigène de l'Algérie doit être divisée en trois groupes principaux :

Le premier réside dans la vaste contrée, généralement connue sous le nom de Petit-Désert, et qui s'étend au sud depuis la fin des terres labourables jusqu'au commencement du Sahara.

Petit-Désert

La Chambre sait que les habitants de ce pays sont tout à la fois plus errants et plus sédentaires que la plupart des autres indigènes de l'Algérie. Le plus grand nombre parcourent chaque année des espaces immenses sans reconnaître, pour ainsi dire, de territoire. Les autres, au contraire, vivent dans des oasis où la propriété est individuelle, délimitée, cultivée et bâtie. Nos troupes n'ont point visité tout le Petit-Désert ; elles n'en

RAPPORT DES TRAVAUX PARLEMENTAIRE (1847).

occupent aucun point. Nous gouvernons la population qui l'habite par l'entremise de chefs indigènes, que nous ne surveillons que de très loin ; elle nous obéit sans nous connaître ; à vrai dire, elle est notre tributaire et non notre sujette.

Kabylie indépendante

À l'opposé du Petit-Désert, dans les montagnes qui bordent la mer, habitent les Kabyles indépendants. Jusqu'à présent nous n'avions jamais parcouru leur territoire ; mais, entourées aujourd'hui de toutes parts par nos établissements, gênées dans leurs industries, bloquées dans d'étroites vallées, ces peuplades commencent à subir notre influence et offrent, dit-on, de reconnaître notre pouvoir.

Le Tell

Le reste des habitants de l'Algérie, Arabes et Berbères, répandus dans les plaines ou sur les montagnes du Tell, depuis les frontières du Maroc jusqu'à celles de Tunis, forment le troisième groupe de population dont il reste à parler.

C'est dans cette partie du pays que se trouvent les villes, qu'habitent les plus grandes tribus, que se voient les plus grandes existences individuelles, que se rencontrent les terres les plus fertiles, les mieux arrosées, les plus habitables. Là ont eu lieu les principales expéditions militaires et se sont livrés les grands combats. C'est là, enfin, que nous avons nos grands établissements et que notre domination n'est pas seulement reconnue, mais assise.

La paix la plus profonde règne aujourd'hui sur ce vaste territoire ; nos troupes le parcourent en tous sens sans trouver la moindre résistance. L'Européen isolé peut même en traverser la plus grande partie sans redouter de péril.

La soumission y existe partout ; mais elle n'y a pas partout le même caractère.

Alexis de Tocqueville

Division du Tell en deux régions distinctes

À l'Est, notre domination est moins complète peut-être qu'à l'Ouest, mais infiniment plus tranquille et plus sûre. En général, nous y administrons les indigènes de moins près et d'une manière moins impérative ; mais notre suprématie y est moins contestée. Beaucoup de chefs indigènes y sont plutôt nos feudataires que nos agents : notre pouvoir y est tout à la fois moins absolu et moins en péril. Une armée de 20 à 22.000 hommes suffit à la garde de cette partie du pays, qui forme cependant la moitié de toute l'ancienne Régence, et qui compte plus de la moitié de ses habitants. La guerre y a été depuis quelques années presque inconnue.

Les populations de l'Ouest, celles qui occupent les provinces d'Alger et d'Oran, sont plus dominées, plus gouvernées, plus soumises et en même temps plus frémissantes. Notre pouvoir sur elles est plus grand et moins stable. Là, la guerre a renversé toutes les individualités qui pouvaient nous faire ombrage, brisé violemment toutes les résistances que nous avions rencontrées, épuisé le pays, diminué ses habitants, détruit ou chassé en partie sa noblesse militaire ou religieuse, et réduit pour un temps les indigènes à l'impuissance. Là, la soumission est tout à la fois complète et précaire ; c'est là que sont accumulés les trois quarts de notre armée.

A l'Est aussi bien qu'à l'Ouest, notre domination n'est acceptée que comme l'œuvre de la victoire et le produit journalier de la force. Mais à l'Est on la tolère, tandis qu'à l'Ouest l'on ne fait encore que la subir. Ici on comprend que notre pouvoir peut avoir certains résultats utiles qui le rendent moins pesant ; là, on semble n'apercevoir qu'une raison d'y rester soumis, c'est la profonde terreur qu'il inspire.

Tel est l'aspect général que présente l'Algérie au point de vue de notre domination.

Pourquoi notre occupation ne doit plus s'étendre

Il est très difficile, sans doute, on doit le reconnaître, de savoir où l'on doit s'arrêter dans l'occupation d'un pays barbare. Comme on n'y rencontre d'ordinaire devant soi ni gouvernement constitué, ni population stable, on ne parvient presque jamais à y obtenir une frontière respectée. La guerre qui recule les limites de votre territoire ne termine rien ; elle ne fait que préparer un théâtre plus lointain et plus difficile à une nouvelle guerre. C'est ainsi que les choses ont paru se passer longtemps dans l'Algérie elle-même. Une conquête ne manquait jamais de manifester la nécessité d'une nouvelle conquête ; chaque occupation amenait une occupation nouvelle, et l'on conçoit très bien que la nation, voyant cette extension graduelle et continue de notre domination et de nos sacrifices, se soit quelquefois alarmée, et que les amis mêmes de notre conquête se soient demandé avec inquiétude quand seraient enfin posées ses extrêmes limites et où s'arrêterait le chiffre de l'armée.

Ces sentiments et ces idées naissaient au sein de l'ignorance profonde dans laquelle nous avons vécu longtemps sur la nature du pays que nous avions entrepris de dominer. Nous ne savions ni jusqu'où il était convenable d'aller, ni où il était non seulement utile, mais nécessaire de s'arrêter.

Aujourd'hui on peut dire que, sur ces deux points, la lumière est faite.

Nous ne ferons que rappeler à la Chambre que l'Algérie présente ce bizarre phénomène d'un pays divisé en deux contrées entièrement différentes l'une de l'autre, et cependant absolument unies entre elles par un lien indissoluble et étroit. L'une, le Petit-Désert, qui renferme les pasteurs nomades ; l'autre, le Tell, où habitent les cultivateurs relativement sédentaires. Tout le monde sait maintenant que le Petit-Désert ne peut vivre si on lui ferme le Tell. Le maître du Tell a donc été depuis le commencement du monde le maître du Petit-Désert, il y a toujours commandé sans l'occuper, il l'a gouverné sans l'administrer. Or nous occupons aujourd'hui, sauf la Kabylie, la totalité du Tell : pourquoi occuperions-nous le Petit-Désert ? pourquoi ferions-nous plus ou autrement que les Turcs, qui, pendant trois cents ans, y ont régné de cette manière ? L'intérêt de la colonisation ne nous force point à nous y établir, car nous ne pouvons songer à fixer des populations européennes dans ces contrées.

On peut donc dire, sans tromper personne, que la limite naturelle de notre occupation au Sud est désormais certaine. Elle est posée à la limite même du Tell.

Il est vrai que dans l'enceinte du Tell existe une contrée que nous n'avons pas encore occupée, et dont l'occupation ne manquerait pas d'augmenter, d'une manière très considérable, l'effectif de notre armée et le chiffre de notre budget. Nous voulons parler de la Kabylie indépendante.

La Chambre nous permettra de ne point nous étendre en ce moment sur la question de la Kabylie ; nous aurons plus loin l'occasion d'en parler, en rendant compte d'un incident qui a eu lieu dans le sein de la commission. Nous nous bornerons à établir ici, comme un fait certain, qu'il y a des raisons particulières et péremptoires pour ne pas occuper la Kabylie.

Ainsi, nous sommes fondés à dire qu'aujourd'hui les limites vraies et naturelles de notre occupation sont posées.

Comment nous sommes arrivés à connaître les meilleurs moyens à prendre pour dominer le pays

Voyons si l'on peut également dire que dans ces limites les forces que nous possédons aujourd'hui seront désormais suffisantes.

L'expérience ne nous a pas seulement montré où était le théâtre naturel de la guerre ; elle nous a appris à la faire. Elle nous a découvert le fort et le faible de nos adversaires. Elle nous a fait connaître les moyens de les vaincre et, après les avoir vaincus, d'en rester les maîtres. Aujourd'hui on peut dire que la guerre d'Afrique est une science dont tout le monde connaît les lois, et dont chacun peut faire l'application presque à coup sûr. Un des plus grands services que M. le maréchal Bugeaud ait rendus à son pays, c'est d'avoir étendu, perfectionné et rendu sensible à tous cette science nouvelle.

Nous avons d'abord reconnu que nous n'avions pas en face de nous une véritable armée, mais la population elle-même. La vue de cette première vérité nous a bientôt conduits à la connaissance de cette autre, à savoir que, tant que cette population nous serait aussi hostile qu'aujourd'hui, il faudrait, pour se maintenir dans un pareil pays, que nos troupes y restassent presque aussi nombreuses en temps de paix qu'en temps de guerre, car il s'agissait moins de vaincre un gouvernement que de comprimer un peuple.

L'expérience a aussi fini par nous apprendre de quels moyens il fallait se servir pour comprimer le peuple arabe. Ainsi, nous n'avons pas tardé à découvrir que les populations qui repoussaient notre empire n'étaient point nomades, comme on l'avait cru longtemps, mais seulement beaucoup plus mobiles que celles d'Europe. Chacune avait son territoire bien délimité dont elle ne s'éloignait pas sans peine, et où elle était toujours obligée de revenir. Si on ne pouvait occuper les maisons des habitants, on pouvait donc s'emparer des récoltes, prendre les troupeaux et arrêter les personnes.

Dès lors, les véritables conditions de la guerre d'Afrique sont apparues.

Il ne s'agissait plus, comme en Europe, de rassembler de grandes armées destinées à opérer en masses contre des armées semblables, mais de couvrir le pays de petits corps légers qui pussent atteindre les populations à la course, ou qui, placés près de leur territoire, les forçassent d'y rester et d'y vivre en paix.

Rendre les troupes aussi mobiles que possible et les tenir toujours à portée des populations suspectes, telles furent les deux conditions du problème.

On renonça d'abord à presque tout ce qui encombre la marche des soldats en Europe. On supprima presque entièrement le canon ; à la voiture on substitua le chameau ou le mulet. Des postes-magasins, placés de loin en loin, permirent de n'emporter avec soi que peu ou point de vivres. Nos officiers apprirent l'arabe, étudièrent le pays et y guidèrent les colonnes sans hésitation et sans détour. Comme la rapidité faisait bien plus que le nombre, on ne composa les colonnes elles-mêmes que de soldats choisis et déjà faits à la fatigue. On obtint ainsi une rapidité de mouvement presque incroyable. Aujourd'hui nos troupes, aussi mobiles que l'Arabe armé, vont plus vite que la tribu en marche.

En même temps qu'on rendait les troupes si mobiles, on recherchait et on trouvait les lieux où il était le plus utile de les cantonner. La guerre nous faisait démêler quelles étaient les populations les plus énergiques, les mieux organisées, les plus ennemies. C'est à côté ou au milieu de celles-là que nous nous établissons pour empêcher ou pour réprimer leurs révoltes.

Le Tell tout entier est maintenant couvert par nos postes, comme par un immense réseau dont les mailles, très serrées à l'Ouest, vont s'élargissant à mesure que l'on remonte vers l'Est. Dans le Tell de la province d'Oran, la distance moyenne entre tous les postes est de vingt lieues.

Alexis de Tocqueville

Par conséquent, il n'y a presque pas de tribu qui ne puisse y être saisie le même jour de quatre côtés à la fois, au premier mouvement qu'elle voudrait faire.

On peut encore discuter pour savoir si les postes sont tous placés où ils doivent l'être pour rendre le plus de service (nous parlerons de cette question à propos d'un crédit spécial), il est permis de rechercher s'il ne serait pas convenable d'accroître la force de quelques-uns en diminuant celle de quelques autres. Mais on est d'accord que l'effectif de l'armée d'Afrique suffit très largement à l'organisation de tous les postes néces- saires et, qu'à l'aide de ces postes, on est sûr de rester toujours maîtres du pays aujourd'hui conquis. Cette vérité, Messieurs, est importante, et elle valait la peine d'être constatée.

Nous ne voulons point exagérer notre pensée. Nous ne prétendons pas dire qu'à l'aide de l'effectif actuel, l'Algérie puisse lutter contre tous les périls qui pourraient naître d'une guerre étrangère, ni même qu'elle soit à l'abri des funestes effets que pourraient produire les passions ou les fautes de ceux qui la gouverneront désormais. Si l'on faisait dans le Pe- tit-Désert des expéditions et des établissements inutiles, il est probable que l'effectif, quelque considérable qu'il soit, aurait de la peine à suffire. Si, contrairement au vœu exprimé à plusieurs reprises par les Chambres et, nous pouvons le dire, aux lumières de l'expérience et de la raison, on entreprenait d'occuper militairement la Kabylie indépendante, au lieu de se borner à en tenir les issues, il est incontestable qu'il faudrait accroître bientôt le chiffre de notre armée ; enfin, si par un mauvais gouvernement, par des procédés violents et tyranniques, on poussait au désespoir et à la révolte les populations qui vivent paisiblement sous notre empire, il nous faudrait assurément de nouveaux soldats. Nous n'avons pas voulu prouver le contraire. Il n'y a pas de force matérielle, quelque grande qu'elle soit, qui puisse dispenser les hommes de la mo- dération et du bon sens. La tâche du Gouvernement est d'empêcher de tels écarts : ce n'est pas la nôtre. Tout ce que nous voulons dire est ceci : longtemps on a ignoré quelles étaient les vraies limites de notre domination et de notre occupation en Afrique. Aujourd'hui elles sont connues. Longtemps on n'avait pas acquis les notions exactes de l'es- pèce et du nombre des obstacles qui pouvaient se rencontrer dans ces limites ; aujourd'hui on les possède. On a pu se demander longtemps à l'aide de quelle force, par quels moyens, suivant quelle méthode, on pouvait être sûr de vaincre les difficultés naturelles et permanentes de

RAPPORT DES TRAVAUX PARLEMENTAIRE (1847).

notre entreprise ; on le voit nettement aujourd'hui. L'effectif actuel, bien qu'il ne pût peut-être pas suffire aux besoins factices et passagers que feraient naître l'ambition et la violence, doit répondre largement à tous les besoins naturels et habituels de notre domination en Afrique. Une étude très attentive et très détaillée de la question en a donné, à la majorité de la commission, la conviction profonde.

Quels moyens faut-il prendre pour diminuer graduellement l'effectif?

Mais elle n'a pas voulu s'arrêter là, elle a désiré rechercher quels moyens on pourrait prendre pour diminuer graduellement cet effectif et le réduire enfin à des proportions beaucoup moindres, sans mettre notre établissement en péril.

Plusieurs membres ont pensé qu'il était peut-être possible de distribuer les troupes de manière à leur faire produire les mêmes effets, en restant moins nombreuses. D'autres ont dit que l'établissement et le perfectionnement des routes faciliteraient puissamment notre domination et pourraient permettre de diminuer l'armée. Nous reviendrons, dans une autre partie du rapport, sur cette question capitale des routes. Nous ne nions pas, Messieurs, que ces moyens ne soient très efficaces ; nous pensons que leur judicieux emploi nous permettrait de diminuer, d'une manière assez notable, notre armée ; mais nous ne croyons pas qu'ils puissent suffire.

Ce serait, à notre sens, une illusion de croire que, par une organisation nouvelle de la force matérielle, ou en mettant cette force matérielle dans des conditions meilleures de locomotion, on pût amener une diminution très grande dans l'effectif de notre armée. L'art des conquérants serait trop simple et trop facile, s'il ne consistait qu'à découvrir des secrets semblables et à surmonter des difficultés de cette espèce. L'obstacle réel et permanent qui s'oppose à la diminution de l'effectif, sachons le reconnaître, c'est la disposition des indigènes à notre égard.

Quels sont les moyens de modifier ces dispositions ? par quelle forme de gouvernement, à l'aide de quels agents, par quels principes, par quelle conduite, doit-on espérer y parvenir ? Ce sont là, Messieurs, les vraies et sérieuses questions que le sujet de la réduction de l'effectif soulève.

Alexis de Tocqueville

Organisation du gouvernement indigène

En fait, le système que nous suivons pour gouverner le pays qui nous est soumis, quoique varié dans ses détails, est partout le même. Différents fonctionnaires indigènes, établis ou reconnus par nous, administrent, sous des noms divers, les populations musulmanes ; ce sont nos intermédiaires entre elles et nous. Suivant que ces chefs indigènes sont près ou loin du centre de notre puissance, nous les soumettons à une surveillance plus ou moins détaillée, et nous pénétrons plus ou moins avant dans le contrôle de leurs actes ; mais presque nulle part les tribus ne sont administrées par nous directement. Ce sont nos généraux qui gouvernent ; ils ont pour principaux agents les officiers des bureaux arabes. Aucune institution n'a été et n'est encore plus utile à notre domination en Afrique que celle des bureaux arabes. Plusieurs commissions de la Chambre l'ont déjà dit, nous nous plaisons à le répéter.

Ce système, qui a été fondé en partie, organisé et généralisé par M. le maréchal Bugeaud, repose tout entier sur un petit nombre de principes que nous croyons sages.

Partout, le pouvoir politique, celui qui donne la première impulsion aux affaires, doit être dans les mains des Français. Une pareille initiative ne peut nulle part être remise avec sécurité aux chefs indigènes. Voilà le premier principe.

Voici le second : la plupart des pouvoirs secondaires du Gouvernement doivent, au contraire, être exercés par les habitants du pays.

La troisième maxime de gouvernement est celle-ci c'est sur les influences déjà existantes que notre pouvoir doit chercher à s'appuyer. Nous avons souvent essayé, et nous essayons encore quelquefois, d'écarter des affaires l'aristocratie religieuse ou militaire du pays, pour lui substituer des familles nouvelles, et créer des influences qui soient notre ouvrage. Nous avons presque toujours échoué dans de pareils efforts, et il est aisé de voir en effet que de tels efforts sont prématurés. Un gouvernement nouveau, et surtout un gouvernement conquérant, peut bien donner le pouvoir matériel à ses amis, mais il ne saurait leur communiquer la puissance morale et la force d'opinion qu'il n'a pas lui-même. Tout ce qu'il peut faire, c'est d'intéresser ceux qui ont cette force et cette puissance à le servir.

RAPPORT DES TRAVAUX PARLEMENTAIRE (1847).

Nous croyons ces trois maximes de gouvernement justes dans leur généralité ; mais nous pensons qu'elles n'ont de véritable valeur que par la sage et habile application qu'on en fait. Nous comprenons que, suivant les lieux, les circonstances, les hommes, il faut s'en écarter ou s'y renfermer ; c'est là le champ naturel du pouvoir exécutif ; il n'y aurait pour la Chambre ni dignité, ni utilité à vouloir y entrer plus avant que nous ne venons de le faire.

Mais si la Chambre ne peut entreprendre d'indiquer à l'avance, et d'une manière permanente et détaillée, quelle doit être l'organisation de notre Gouvernement dans les affaires indigènes et de quels agents il convient de se servir, elle a non seulement le droit, mais le devoir de rechercher et de dire quel doit en être l'esprit, et quel but permanent il doit se proposer.

Quel doit être l'esprit général de notre gouvernement à l'égard des indigènes

Si nous envisageons d'un seul coup d'œil la conduite que nous avons tenue jusqu'ici vis-à-vis des indigènes, nous ne pourrons manquer de remarquer qu'il s'y rencontre de grandes incohérences. On y voit, suivant les temps et les lieux, des aspects fort divers ; on y passe de l'extrémité de la bienveillance à celle de la rigueur.

Dans certains endroits, au lieu de réserver aux Européens les terres les plus fertiles, les mieux arrosées, les mieux préparées, que possède le domaine, nous les avons données aux indigènes.

Notre respect pour leurs croyances a été poussé si loin que, dans certains lieux, nous leur avons bâti des mosquées avant d'avoir pour nous-mêmes une église ; chaque année, le Gouvernement français (faisant ce que le prince musulman qui nous a précédés à Alger ne faisait pas lui-même) transporte sans frais jusqu'en Égypte les pèlerins qui veulent aller honorer le tombeau du Prophète. Nous avons prodigué aux Arabes les distinctions honorifiques qui sont destinées à signaler le mérite de nos citoyens. Souvent les indigènes, après des trahisons et des révoltes, ont été reçus par nous avec une longanimité singulière ; on en a vu qui, le lendemain du jour où ils nous avaient abandonnés pour aller tremper leurs mains dans notre sang, ont reçu de nouveau, de notre générosité, leurs biens, leurs honneurs et leur pouvoir. Il y a plus : dans plusieurs des lieux où la population civile européenne est mêlée à la population indigène, on se plaint, non sans quelque raison, que c'est en général l'indigène qui est le mieux protégé, et l'Européen qui obtient le plus difficilement justice.

Si l'on rassemble ces traits épars, on sera porté à en conclure que notre Gouvernement en Afrique pousse la douceur vis-à-vis des vaincus jusqu'à oublier sa position conquérante, et qu'il fait, dans l'intérêt de ses sujets étrangers, plus qu'il n'en ferait en France pour le bien-être des citoyens.

Retournons maintenant le tableau, et voyons le revers.

Les villes indigènes ont été envahies, bouleversées, saccagées par notre administration plus encore que par nos armes. Un grand nombre de propriétés individuelles ont été, en pleine paix, ravagées, dénaturées, détruites. Une multitude de titres que nous nous étions fait livrer pour les vérifier n'ont jamais été rendus. Dans les environs même d'Alger, des terres très fertiles ont été arrachées des mains des Arabes et données à des Européens qui, ne pouvant ou ne voulant pas les cultiver eux-mêmes, les ont louées à ces mêmes indigènes qui sont ainsi devenus les simples fermiers du domaine qui appartenait à leurs pères. Ailleurs, des tribus ou des fractions de tribus qui ne nous avaient pas été hostiles, bien plus, qui avaient combattu avec nous et quelquefois sans nous, ont été poussées hors de leur territoire. On a accepté d'elles des conditions qu'on n'a pas tenues, on a promis des indemnités qu'on n'a pas payées, laissant ainsi en souffrance notre honneur plus encore que les intérêts de ces indigènes. Non seulement on a déjà enlevé beaucoup de terres aux anciens propriétaires, mais, ce qui est pis, on laisse planer sur l'esprit de toute la population musulmane cette idée qu'à nos yeux la possession du sol et la situation de ceux qui l'habitent sont des questions pendantes qui seront tranchées suivant des besoins et d'après une règle qu'on ignore encore.

La société musulmane, en Afrique, n'était pas incivilisée ; elle avait seulement une civilisation arriérée et imparfaite. Il existait dans son sein un grand nombre de fondations pieuses, ayant pour objet de pourvoir aux besoins de la charité ou de l'instruction publique. Partout nous avons mis la main sur ces revenus en les détournant en partie de leurs anciens usages ; nous avons réduit les établissements charitables, laissé

RAPPORT DES TRAVAUX PARLEMENTAIRE (1847).

tomber les écoles [1], dispersé les séminaires. Autour de nous les lumières se sont éteintes, le recrutement des hommes de religion et des hommes de loi a cessé ; c'est-à-dire que nous avons rendu la société musulmane beaucoup plus misérable, plus désordonnée, plus ignorante et plus barbare qu'elle n'était avant de nous connaître.

Il est bon sans doute d'employer comme agents de gouvernement des indigènes, mais à la condition de les conduire suivant le sentiment des hommes civilisés, et avec des maximes françaises. C'est ce qui n'a pas eu lieu toujours ni partout, et l'on a pu nous accuser quelquefois d'avoir bien moins civilisé l'administration indigène que d'avoir prêté à sa barbarie les formes et l'intelligence de l'Europe.

Aux actes sont quelquefois venues se joindre les théories. Dans des écrits divers, on a professé cette doctrine, que la population indigène, parvenue au dernier degré de la dépravation et du vice, est à jamais incapable de tout amendement et de tout progrès ; que, loin de l'éclairer, il faut plutôt achever de la priver des lumières qu'elle possède ; que, loin de l'asseoir sur le sol, il faut la repousser peu à peu de son territoire pour nous y établir à sa place ; qu'en attendant, on n'a rien à lui demander que de rester soumise, et qu'il n'y a qu'un moyen d'obtenir sa soumission : c'est de la comprimer par la force.

Nous pensons, Messieurs, que de telles doctrines méritent au plus haut point non seulement la réprobation publique, mais la censure officielle du Gouvernement et des Chambres ; car ce sont, en définitive, des idées que les faits engendrent à la longue.

Nous devons éviter les deux excès dont on vient de parler

Nous venons de peindre deux excès ; la majorité de votre commission

---

1 M. le général Bedeau, dans un excellent mémoire que M. le ministre de la Guerre a bien voulu communiquer à la Commission, fait connaître qu'à l'époque de la conquête, en 1837, il existait, dans la ville de Constantine, des écoles d'instruction secondaire et supérieure, où 600 à 700 élèves étudiaient les différents commentaires du Coran, apprenaient toutes les traditions relatives au Prophète et, de plus, suivaient des cours dans lesquels on enseignait, où l'on avait pour but d'enseigner l'arithmétique, l'astronomie, la rhétorique et la philosophie. Il existait, en outre, à Constantine, vers la même époque, 90 écoles primaires, fréquentées par 1.300 ou 1.400 enfants. Aujourd'hui, le nombre des jeunes gens qui suivent les hautes études est réduit à 60, le nombre des écoles primaires à 30, et les enfants qui les fréquentent à 350.

Alexis de Tocqueville

pense que notre Gouvernement doit soigneusement éviter de tomber dans l'un comme dans l'autre.

Il n'y a ni utilité ni devoir à laisser à nos sujets musulmans des idées exagérées de leur propre importance, ni de leur persuader que nous sommes obligés de les traiter en toutes circonstances précisément comme s'ils étaient nos concitoyens et nos égaux. Ils savent que nous avons, en Afrique, une position dominatrice ; ils s'attendent à nous la voir garder. La quitter aujourd'hui, ce serait jeter l'étonnement et la confusion dans leur esprit, et le remplir de notions erronées ou dangereuses.

Les peuples à demi civilisés comprennent malaisément la longanimité et l'indulgence ; ils n'entendent bien que la justice. La justice exacte, mais rigoureuse, doit être notre seule règle de conduite vis-à-vis des indigènes quand ils se rendent coupables envers nous.

Ce que nous leur devons en tout temps, c'est un bon gouvernement. Nous entendons, par ces mots, un pouvoir qui les dirige, non seulement dans le sens de notre intérêt, mais dans le sens du leur ; qui se montre réellement attentif à leurs besoins ; qui cherche avec sincérité les moyens d'y pourvoir ; qui se préoccupe de leur bien-être ; qui songe à leurs droits ; qui travaille avec ardeur au développement continu de leurs sociétés imparfaites ; qui ne croit pas avoir rempli sa tâche quand il en a obtenu la soumission et l'impôt ; qui les gouverne, enfin, et ne se borne pas à les exploiter.

Sans doute, il serait aussi dangereux qu'inutile de vouloir leur suggérer nos mœurs, nos idées, nos usages. Ce n'est pas dans la voie de notre civilisation européenne qu'il faut, quant à présent, les pousser, mais dans le sens de celle qui leur est propre ; il faut leur demander ce qui lui agrée et non ce qui lui répugne. La propriété individuelle, l'industrie, l'habitation sédentaire n'ont rien de contraire à la religion de Mahomet. Des Arabes ont connu ou connaissent ces choses ailleurs ; elles sont appréciées et goûtées par quelques-uns d'entre eux en Algérie même. Pourquoi désespèrerions-nous de les rendre familières au plus grand nombre ? On l'a déjà tenté sur quelques points avec succès [1]. L'islamis-

1 Déjà un grand nombre d'hommes importants, désirant nous complaire, ou profitant de la sécurité que nous avons donnée au pays, ont bâti des maisons et les habitent. C'est ainsi que le plus grand chef indigène de la province d'Oran. Sidi el-Aribi, s'est déjà élevé une demeure. Ses coreligionnaires l'ont brûlée dans la dernière insurrection. il l'a rebâtie de nouveau. Plusieurs autres ont suivi cet exemple, entre autres le bachagha du Djendel Bou-Allem, dans la province d'Alger. Dans celle de Constantine,

RAPPORT DES TRAVAUX PARLEMENTAIRE (1847).

me n'est pas absolument impénétrable à la lumière ; il a souvent admis dans son sein certaines sciences ou certains arts. Pourquoi ne chercherions-nous pas à faire fleurir ceux-là sous notre empire ? Ne forçons pas les indigènes à venir dans nos écoles, mais aidons-les à relever les leurs, à multiplier ceux qui y enseignent, à former les hommes de loi et les hommes de religion, dont la civilisation musulmane ne peut pas plus se passer que la nôtre.

Instruction publique chez les indigènes

Les passions religieuses que le Coran inspire nous sont, dit-on, hostiles, et il est bon de les laisser s'éteindre dans la superstition et dans l'ignorance, faute de légistes et de prêtres. Ce serait commettre une grande imprudence que de le tenter. Quand les passions religieuses existent chez un peuple, elles trouvent toujours des hommes qui se chargent d'en tirer parti et de les conduire. Laissez disparaître les interprètes naturels et réguliers de la religion, vous ne supprimerez pas les passions religieuses, vous en livrerez seulement la discipline à des furieux ou à des imposteurs. On sait aujourd'hui que ce sont des mendiants fanatiques, appartenant aux associations secrètes, espèce de clergé irrégulier et ignorant, qui ont enflammé l'esprit des populations dans l'insurrection dernière, et ont amené la guerre.

Comment nous devons procéder à l'égard des terres

Mais la question vitale pour notre Gouvernement, c'est celle des terres. Quels sont, en cette matière, notre droit, notre intérêt et notre devoir ?

En conquérant l'Algérie, nous n'avons pas prétendu, comme les Barbares qui ont envahi l'empire romain, nous mettre en possession de la terre des vaincus. Nous n'avons eu pour but que de nous emparer du gouvernement. La capitulation d'Alger en 1830 a été rédigée d'après ce principe. On nous livrait la ville, et, en retour, nous assurions à tous de grands propriétaires indigènes ont déjà imité en partie nos méthodes d'agriculture et adopté quelques-uns de nos instruments de travail. Le caïd de la plaine de Bône, Caresi, cultive ses terres à l'aide des bras et de l'intelligence des Européens. Nous ne citons pas ces faits comme la preuve de grands résultats déjà obtenus, mais comme d'heureux indices de ce qu'on pourrait obtenir avec le temps.

Alexis de Tocqueville

ses habitants le maintien de la religion et de la propriété. C'est sur le même pied que nous avons traité depuis avec toutes les tribus qui se sont soumises. S'ensuit-il que nous ne puissions nous emparer des terres qui sont nécessaires à la colonisation européenne ? Non sans doute ; mais cela nous oblige étroitement, en justice et en bonne politique, à indemniser ceux qui les possèdent ou qui en jouissent.

L'expérience a déjà montré qu'on pouvait aisément le faire, soit en concessions de droits, soit en échange de terres, sans qu'il en coûte rien, soit en argent à bas prix. Nous l'expliquerons beaucoup plus au long ailleurs ; tout ce que nous voulons dire ici, c'est qu'il importe à notre propre sécurité, autant qu'à notre honneur, de montrer un respect véritable pour la propriété indigène, et de bien persuader à nos sujets musulmans que nous n'entendons leur enlever sans indemnité aucune partie de leur patrimoine, ou, ce qui serait pis encore, l'obtenir à l'aide de transactions menteuses et dérisoires dans lesquelles la violence se cacherait sous la forme de l'achat, et la peur sous l'apparence de la vente.

On doit plutôt resserrer les tribus dans leur territoire que les transporter ailleurs. En général une pareille mesure est impolitique, car elle a pour effet d'isoler les deux races l'une de l'autre et, en les tenant séparées, de les conserver ennemies. Elle est, de plus, très dure, de quelque manière qu'on l'exécute.

Le moment où la population indigène a surtout besoin de tutelle est celui où elle arrive à se mêler à notre population civile et se trouve, en tout ou partie, soumise à nos fonctionnaires et à nos lois. Ce ne sont pas seulement les procédés violents qu'elle a alors à craindre. Les peuples civilisés oppriment et désespèrent souvent les peuples barbares par leur seul contact, sans le vouloir, et pour ainsi dire sans le savoir : les mêmes règles d'administration et de justice qui paraissent à l'Européen des garanties de liberté et de propriété, apparaissent au barbare comme une oppression intolérable ; les lenteurs qui nous gênent l'exaspèrent ; les formes que nous appelons tutélaires, il les nomme tyranniques, et il se retire plutôt que de s'y soumettre. C'est ainsi que, sans recourir à l'épée, les Européens de l'Amérique du Nord ont fini par pousser les Indiens hors de leur territoire. Il faut veiller à ce qu'il n'en soit pas ainsi pour nous.

RAPPORT DES TRAVAUX PARLEMENTAIRE (1847).

Les transactions immobilières entre Arabes et Européens ne doivent pas être libres

On a également remarqué que, partout où les transactions immobilières entre le propriétaire barbare et l'Européen civilisé pouvaient se faire sans contrôle, les terres passaient rapidement, et à vil prix, des mains de l'un dans celles de l'autre, et que la population indigène cessait d'avoir ses racines dans le sol. Si nous ne voulons pas qu'un pareil effet se produise, il faut que nulle part les transactions de cette espèce ne soient entièrement libres. Nous verrons ailleurs que cela n'est pas moins nécessaire à l'Européen qu'à l'Arabe.

Nous venons de citer des faits, de faire allusion à des circonstances que la Chambre ne se méprenne pas sur notre pensée en agissant ainsi, nous n'avons pas prétendu entrer dans l'examen spécial d'aucune mesure, ni en juger particulièrement aucune. La nature sommaire de ce rapport ne le permettrait pas. Nous n'avons voulu que lui faire bien comprendre quels devaient être, suivant nous, la tendance permanente et l'esprit général de notre Gouvernement.

Quels effets on peut espérer de produire sur les indigènes par un bon gouvernement

Quel sera l'effet probable de la conduite que nous conseillons de tenir à l'égard des indigènes ? Où doit s'arrêter, en cette matière, l'espérance permise ? Où commence la chimère ?

Il n'y a pas de gouvernement si sage, si bienveillant et si juste, qui puisse rapprocher tout à coup et unir intimement ensemble des populations que leur histoire, leur religion, leurs lois et leurs usages ont si profondément divisées. Il serait dangereux et presque puéril de s'en flatter. Il y aurait même, suivant nous, de l'imprudence à croire que nous pouvons parvenir aisément et en peu de temps à détruire dans le cœur des populations indigènes la sourde haine que fait naître et qu'entretient toujours la domination étrangère. Il faut donc, quelle que soit notre conduite, rester forts. Ce doit toujours être là notre première règle.

Ce qu'on peut espérer, ce n'est pas de supprimer les sentiments hostiles que notre Gouvernement inspire, c'est de les amortir ; ce n'est pas de faire que notre joug soit aimé, mais qu'il paraisse de plus en plus supportable ; ce n'est pas d'anéantir les répugnances qu'ont manifestées de tous temps les musulmans pour un pouvoir étranger et chrétien, c'est de leur faire découvrir que ce pouvoir, malgré son origine réprouvée, peut leur être utile. Il serait peu sage de croire que nous parviendrons à nous lier aux indigènes par la communauté des idées et des usages, mais nous pouvons espérer le faire par la communauté des intérêts.

Déjà nous voyons en plusieurs endroits ce genre de lien qui se forme. Si nos armes ont décimé certaines tribus, il y en a d'autres que notre commerce a singulièrement enrichies et fortifiées, et qui le sentent et le comprennent. Partout le prix que les indigènes peuvent attendre de leurs denrées et de leur travail s'est beaucoup accru par notre voisinage. D'un autre côté, nos cultivateurs se servent volontiers des bras indigènes. L'Européen a besoin de l'Arabe pour faire valoir ses terres ; l'Arabe a besoin de l'Européen pour obtenir un haut salaire. C'est ainsi que l'intérêt rapproche naturellement dans le même champ, et unit forcément dans la même pensée deux hommes que l'éducation et l'origine plaçaient si loin l'un de l'autre.

C'est dans ce sens qu'il faut marcher, Messieurs c'est vers ce but qu'il faut tendre.

La commission est convaincue que de notre manière de traiter les indigènes dépend surtout l'avenir de notre domination en Afrique, l'effectif de notre armée et le sort de nos finances ; car, en cette matière, les questions d'humanité et de budget se touchent et se confondent. Elle croit qu'à la longue un bon gouvernement peut amener la pacification réelle du pays et une diminution très notable dans notre armée.

Que si, au contraire, sans le dire, car ces choses se sont quelquefois faites, mais ne se sont jamais avouées, nous agissions de manière à montrer qu'à nos yeux les anciens habitants de l'Algérie ne sont qu'un obstacle qu'il faut écarter ou fouler aux pieds ; si nous enveloppions leurs populations, non pour les élever dans nos bras vers le bien-être et la lumière, mais pour les y étreindre et les y étouffer, la question de vie ou de mort se poserait entre les deux races. L'Algérie deviendrait, tôt ou tard, croyez-le, un champ clos, une arène murée, où les deux peuples devraient combattre sans merci, et où l'un des deux devrait mourir. Dieu écarte de nous, Messieurs, une telle destinée !

RAPPORT DES TRAVAUX PARLEMENTAIRE (1847).

Ne recommençons pas, en plein XIXe siècle, l'histoire de la conquête de l'Amérique. N'imitons pas de sanglants exemples que l'opinion du genre humain a flétris. Songeons que nous serions mille fois moins excusables que ceux qui ont eu jadis le malheur de les donner ; car nous avons de moins qu'eux le fanatisme, et de plus les principes et les lumières que la Révolution française a répandus dans le monde.

L'esclavage en Afrique

La France n'a pas seulement parmi ses sujets musulmans des hommes libres, l'Algérie contient de plus en très petit nombre des nègres esclaves. Devons-nous laisser subsister l'esclavage sur un sol où nous commandons ? L'un des princes musulmans nos voisins, le bey de Tunis, a déclaré que la servitude était abolie dans son empire. Pouvons-nous, en cette matière, faire moins que lui ?

Vous n'ignorez pas, Messieurs, que l'esclavage n'a pas, chez les mahométans, le même caractère que dans nos colonies. Dans tout l'Orient, cette odieuse institution a perdu une partie de ses rigueurs. Mais en devenant plus douce, elle n'est pas devenue moins contraire à tous les droits naturels de l'humanité.

Il est donc à désirer qu'on puisse bientôt la faire disparaître, et la Commission en a exprimé le vœu le plus formel. Sans doute il ne faut procéder à l'abolition de l'esclavage qu'avec précaution et mesure. Nous avons lieu de croire qu'opérée de cette manière elle ne suscitera point de vives résistances et ne fera pas naître de périls.

Cette opinion a été exprimée par plusieurs des hommes qui connaissent bien le pays. M. le ministre de la Guerre s'y est rangé lui-même.

ISBN : 978-1511687218